KS ブックレット No.24

わたしがつくる わたしのくらし

きょうされん居住支援部会―編著

障害のある人の毎日をささえる

JN158027

発行―きょうされん　発売―萌文社

ＫＳブックレットの刊行にあたって

ＫＳブックレットの第 24 号がここにできあがりました。ＫＳとは、本書の発行主体である、きょうされん（旧称；共同作業所全国連絡会）の「共同」と「作業所」の頭文字であるＫとＳを組み合わせたものです。

本ブックレットは、障害分野に関わる幅広いテーマをわかりやすく企画し、障害のある人びとの就労と地域生活の実践や運動の進展に寄与することを目的に刊行しています。社会福祉・保健・医療・職業リハビリテーションに携わる人びとはもとより、多くのみなさまにご愛読いただくことを願っております。

2017 年３月

きょうされん広報・出版・情報委員会

はじめに

〝お父さんが亡くなられてからの20年間、障害のあるSさんは、お母さんとふたりでくらしてこられました。しかしある日突然、お母さんは脳梗塞で病院に運ばれ、そのまま自宅に帰ることなく85歳で亡くなりました。ひとり残されたSさんは、ショートステイで3カ月間生活し、その後、グループホームに入居することになりました。

47歳のSさんは、それまでの生活の多くをお母さんに頼っていました。しかし、突然ひとりになったことで、お母さんの写真、お母さんの指輪を肌身離さずに持ち、お母さんの買ってくれた服以外は着ないというこだわりで悲しみを表していました。〟

今、Sさんのようなケースが、全国各地で相次いでいます。

友人や慣れた職員のいる作業所に通い続けることができるグループホームに、数カ月で入居できるようになったSさんは、まだよいほうでしょう。自分が住んでいた地域から遠く離れたグループホームや入所施設に入らざるをえなかったり、次の行き先が決まるまで、ショートステイで施設を転々としている人も少なくありません。

障害のある人たちの「親亡き後」の生活保障ではなく、親が元気なうちから、「親も子も、それぞれが自分の人生を歩めるようなくらしの場が必要」と言われて久しいにもかかわらず、上記のSさんのような例は、いっこうに後を絶ちません。

２０１４年1月に日本が批准した、障害者権利条約の第19条（a）では、「障害者が、他の者との平等を基礎として、居住地を選択し、及びどこで誰と生活するかを選択する機会を有すること並びに特定の生活施設で生活する義務を負わないこと」と明記されています。だれとどこで生活するのか、それは権利として選択できるはずなのに、一人暮らしも、家族との同居も、すきな人との生活も、本人が選択できるような余地が、あまりにも少ないというのが日本の現状なのです。

日中は働く場や集団活動の場があり、また、休日は不十分ながらも、余暇の支援を利用できるようになりました。そして、それらを根底でささえる「個」を尊重したゆたかなくらしが、すべての障害のある人に対して公的に保障されるよう、くらしの支援のあり方を、引き続き根本的に問うていかなければなりません。

くらしの課題は長い間、「どこでくらすのか」、つまり「場（形態）」の問題としてとらえられてきました。しかし、「どのようにくらすのか」というくらしの中身の問題、くらしの「質」の問題としても検討しなければなりません。そのための支援者の専門性も問われています。

こうしたなか、くらしをささえる支援者の多くは、障害のある人が、「普通に、あたりまえに、そして、その人らしい毎日を送ることができるように、寄り添っていきたい」と前を見つめて努力を重ねる一方で、「毎日の支援が単調になってしまっているのではないか」など、その人が生きてきた過程が色濃く出る「くらし」という場面に、どう関わっていけばよいのかと悩んでいるのではないでしょうか。
本書は、必要な支援を利用しながら、日々のくらしをつむいでいく障害のある人たちと、それを試行錯誤しながらささえる支援者の姿を描いています。障害があっても、あたりまえに、そして自分らしいくらしが保障されるためには何が必要か、あらためて確かめ合うツールとなれば幸いです。

きょうされん居住支援部会

もくじ

本書で紹介する個人の情報、およびその記述は、プライバシーに配慮し、事実をもとに編集しています。

卓也さんのまなざし

社会福祉法人さつき福祉会（大阪）

伊藤 成康

暑い毎日ですが、あおぞらのみなさんはお元気ですか？
何と４週間、ずうーっとあおぞらでお世話になりました。
ありがとうございました。
時々あおぞらに薬を届けたりしていたので、１カ月も帰宅しなかった
実感はありませんが、本当にお世話になりました。
連絡帳を読んでいると母も食べたこともない「パオライス？」を食べさせて
もらったり、「かりんとう」は初体験！
しっかり噛んだのでしょうか？
柔らかめのクッキーが、卓也のおやつの限界だと思っていた母です（笑）。
あおぞらのみなさんとの生活が、すっかり身についてきたことがうれしい母です。
いろいろとお世話かけたり、ご心配をおかけしたりしましたが、
私のほうは「もう大丈夫」です。
これからも毎日みなさんと楽しく過ごせますように。
古くなった下着とかタオルとかお気付きになったら何でもお知らせください。

卓也の母より

■たとえ1日でも…この子を残して、先に死ねない

多くのお父さん、お母さんが口にする言葉です。

まだ若いときは、「この子は、兄弟に任せるわ」と言っていたお母さんも、兄弟が独立し新しい家族を持つと、決まってこの言葉に変わります。

子どもが生まれたときから、さまざまな病院をかけまわり、「この子の命が助かれば」と悪戦苦闘の末に作業所づくりに出会い、たくましく育つわが子を見て、ようやく安心してきたお母さんたち。でも、自分の老化を悟り始めたとき、親ならだれでもわが子の将来に不安を抱きます。

「早く自分の子が入れるグループホームができれば」と、切実な声があがります。

でも実際に、「あたらしいグループホームができるから入りませんか?」と言われると、お母さんたちは、この大きな選択を前に突然迷い始めてしまいます。

特に年配のお母さんたちは、

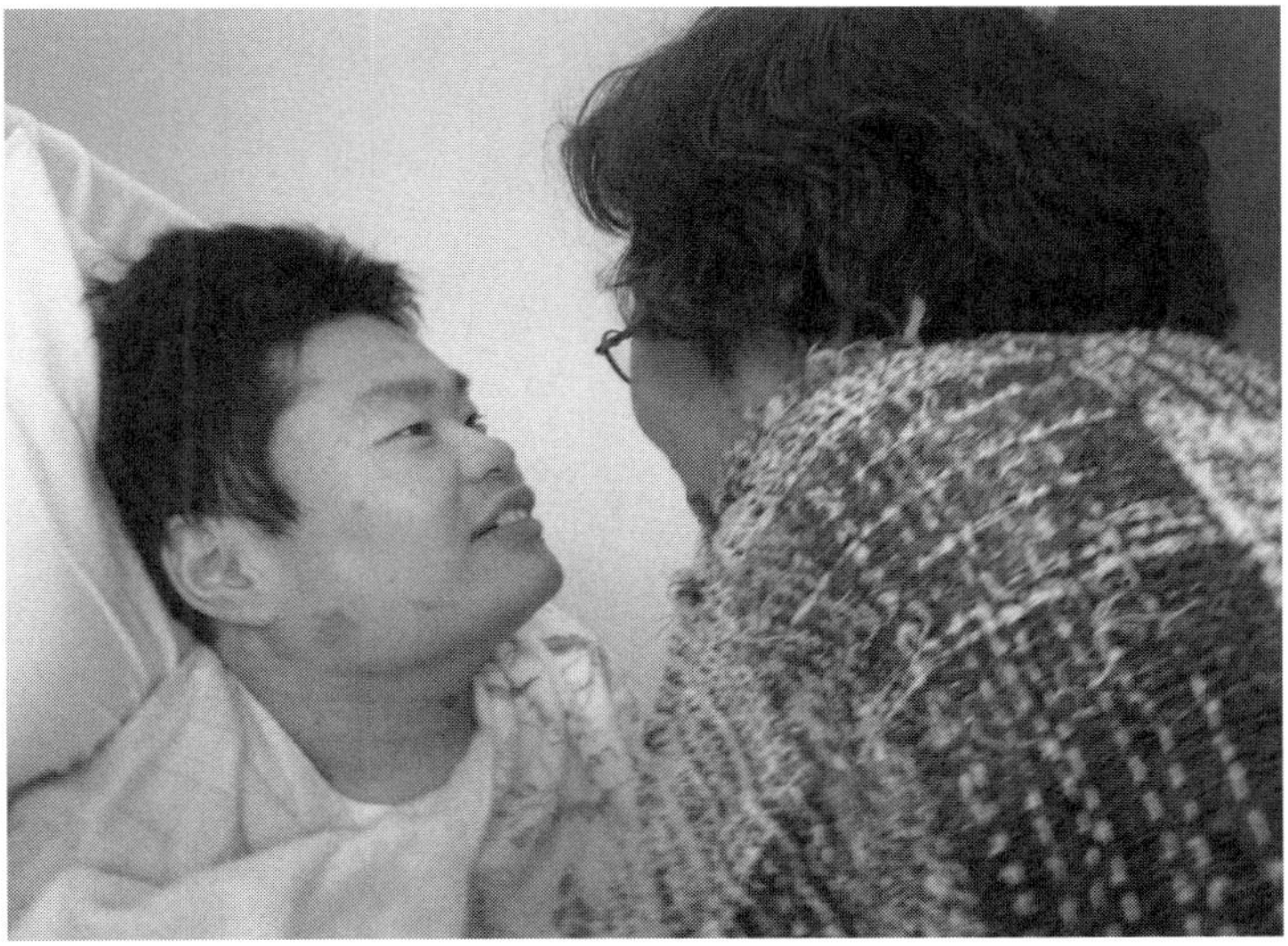

「まだ元気やから、家で見るわ」
「この子が家にいなくなるとお父さんが寂しがるから」
とか、いろいろと断る理由をつけて、しわくちゃな顔で笑い飛ばします。

障害のある人が親から離れてくらすことは、そんなに簡単なことではありません。お母さんからしても、もう自分の身体の一部のように長年育ててきて、「いつまでも私のかわいい赤ん坊」と言う人もいます。まだ親が元気なうちは何とかなります。でも還暦を過ぎる頃になると、自分のことで精一杯になり、心も体も持ちません。

一方で思い切ってグループホームへ送り出した親たちも、わが子が毎日ホームでどうしているか、心配で仕方がありません。しっかり食べているのか、泣いていないか…。週末に実家に帰宅すると、おなかをいっぱいにしてホームに戻してくれます。

そして肝心の本人たちはというと…意外にあっけらかんとして、なじみの仲間たちとの共同生活を楽しんで、うれしそうにしているのです。

親の心子知らず。親御さんたちの気持ちはとても複雑なようです。

障害のある人がグループホームで生活する、あたりまえに地域でくらすということは、親がわが子を他人に託すということからスタートします。託されたグループホームには、親の想いもまた、託されているのです。

そして、「障害のある本人がもつ、くらしへの願い」や「家族から託された、障害のある本人に対する想い」を※キーパーが心にしっかりと刻む、そんな共感の関係も大切なのです。

（※キーパー…ここではホームの支援職員の総称として表記します）

■1階の住人、卓也さん

「おはようございます」

いつものようにキーパーから声をかけられた卓也さんは、それでもまったく起きません。「今日は起きるもんか」と強い決意で寝ているのか。キーパーが軽く鼻の頭をつまみます…ようやく仕方なしに起きだしました。

さあ、今日も卓也さんの1日のはじまりです。はじまりといっても、深夜に寝ぼけて、むくっと自分で体を起こしたり、目を覚まして笑っていたりの卓也さんですが、キーパーは、夜間に発作がないか、オムツからおしっこが溢れていないかと気をつけながら、彼のとなりで寝ています。突然の動きに驚かされることもあります。

あおぞらホームの1階の住人、卓也さんは38歳。重度身体障害と知的障害との重複障害があり、日々の生活は車いすを使っています。「まだ面倒はみれるけど、後々考えると今がチャンス」というご両親の思い切りで、13年前に男性4人が利用する「あおぞらホーム」に入居しました。そのご両親もすでに70歳を過ぎています。

卓也さんは、着替えはもちろん、食事も、トイレもすべてに介助が必要です。お風呂は、ヘルパーさんがグループホームに来て、キーパーと2人の介助体制で入っています。

時々起こるてんかんのけいれん発作は、卓也さんにとって難敵です。5分を超えての重積発作になれば、看護師さんを呼んで、頓服の座薬を入れてもらわないといけません。それでも治まらないと、救急車で病院へ行かなくてはなりません。

卓也さんは言葉はもちろん、意思疎通もなかなか難しい面があります。

ですが、お母さんによると、「しっかり座りなさい」と言うと、ちゃんと腰を自分で動かし、すごいがんばり屋になるようです。また、わたしたちが食事の介助をしていて、嫌いなお茶では口をとじてビクともしないのに、だいすきな牛乳やジュースのときは、大きく口を開けてくれます。

そうした生活の中での卓也さんの動きは、小さなことでも、とても大切な力です。

■「いつもと何か違う」

しかし、こうしたコミュニケーションだけでは、どうしても見落としてしまうものがあります。口にできない卓也さんのつらさを、すんでのところで救うことができたことがありました。

その日の夕方、彼はとてもしんどそうに帰ってきました。バイタルはそう悪くはなかったのですが、脂汗で顔をしかめている彼の姿を見た、ベテランのキーパーは、「いつもの卓也さんと違う。これはおかしい」と救急車を呼びました。自宅近くにある、子どもの頃からみてもらっている医院の先生にお願いし、つながりのある大きな病院へ急いで行きましたが、赤血球が異常に高いが原因がわからないということでした。かけつけたお父さんも「とことん調べてください」と訴え、ようやく内臓出血が見つかりました。しこりが原因で内臓の血管を破り、あやうく命を落とすところだったのです。その病名は、「結節性硬化症」。体の表面や内臓の中にしこりの塊ができ、1万人に1人の割合で発症するという難病でした。

「いつもと何か違う」がいかに大切か、わたしたちは実感しました。「気づきの大切さ」と「いつも」をどう把握するか、ベテランのキーパーでも、週に1回勤務の人も、全体のレベルを高めなければなりません。バイタルはもちろん、前夜の生活の様子の引継ぎも必要です。卓也さんのように、自分から訴えることがなかなか難しい人は、「食べる」「出す」「寝る」の把握が重要です。幸い、毎日複数の職員配置なので、キーパー間での直接の相談や確認もできます。あおぞらホームは、24時間相談できる訪問看護事業所と連携していたため、卓也さんの入院時は、訪問看護の看護師さんにも一緒に病院に来てもらうことができました。こうした連携は日常的にも、重積発作や腸閉塞につながりかねない体調の変化に対応してもらえます。

■だいすきなお出かけ

日曜日だけ実家に帰宅する卓也さんですが、月に一度、ガイドヘルパーさんと外出します。行き先は、お母さんとヘルパー事業所が一緒に決めます。電車やタクシーに乗って、しっかりと余暇活動を楽しんでいます。ゆっくりと目で追えることが、すきなようです。飛行場では、ずっと飛行機を目で追っています。駅前のイベントスペースで偶然出会った、女性アイドルのダンスユニットショーでは、まさに「くぎづけ」の卓也さんでした。

ホームでも、他の仲間の行動をじーっと観察しています。時折見せる大笑い、どんな楽しいときを思い出しているのかなと思います。涙目のときはこちらも悲しくなります。卓也さんに見えているホームの姿は、どんな風景なのでしょう。楽しい光景でしょうか。家族から離れた生活は、つらいものなのでしょうか。すきな人はいるのでしょうか。うれしいことに、お母さんは「卓也はホームを気に入ってるんです」と言ってくれます。家でホームのことを聞くとうれしそうにするらしいので、そんなにお世辞でもないようです。

あおぞらホームは、図書館や休日診療所や公園と隣接しており、とても環境の良い場所にあります。休日の職員体制に余裕のあるときは、散歩がてら近くのスーパーへ買い物もします。道路わきのけっこうガタガタする狭い歩道を自転車に注意しながら、車いすで進みます。そして、スーパーの中の狭い通路で、ばったりと知り合いに会うこともあります。

「買い物？」と声をかけられ、うれしそうにしている卓也さん。

「今度の日曜日の地区運動会に、ホームのみんなで来てくれる？」

「あ。はい」

思わず答える私のそばで、満面の笑顔を見せる卓也さん。

「さあ、ホームに戻って、日曜の日勤キーパーを考えなあかんなあ。お天気だといいね」

卓也さんのまなざしは、すでに借り物競走のゴールの向こうにありました。

政孝さんのニヤリ

社会福祉法人さつき福祉会（大阪）

伊藤 成康

■「母に会いたい」強い思い

私がとらやホームに行くと、いつも政孝さんがニヤニヤして近づいてきます。

「夜の高槻に遊びに行きたい」

長身の体を折りたたむようにかがんで、

「夜、ラーメン食べにいきたい」

この突拍子もないように聞こえる政孝さんの思い、実はだいすきなお母さんとの小さい頃の大切な思い出です。そのねがいをホームのキーパーが一緒に、実現させました。

「夜の高槻にラーメン食べに行った」

次に私がとらやホームを訪れたときには、とても満足そうに男前の笑顔で報告してくれました。政孝さんが住む「とらやホーム」は、住宅密集地の真ん中にあり、古い木造の2階建ての住宅です。重度の知的障害のある仲間が、6名でくらしています。

43歳の彼は、自分の要求が通らないと、作業所や自宅で暴れてしまうため、病気療養中の家族と一緒に生活を続けるのはとても無理と、15年前にとらやホームに入居しました。

政孝さんは、気になることがあるとじっとしていられずに、作業所を抜け出し、卒業した学校や昔利用したショートステイの事業所に行ってしまうことが、しばしばありました。作業所のとなりの小学校の校長室に行くのがお気に入りの時期もありました。阪急電車がだいすきな彼は、きっとじっくりと電車を眺めたかったのでしょう。駅のホームの緊急停止ボタンを押して、怒られたこともありました。

とらやホームではイライラすると「あばれたい」と叫び、自分の部屋やリビングの真ん中で、ひとりドタバタしていました。まるでデパートで駄々をこねる小さい子のように、180㎝を超える大きな体をバタつかせていました。2階にある彼の部屋の床が抜けそうなほどでした。

また政孝さんは、頻繁に真夜中でもホームを抜け出し、実家に戻っていきました。ホームの玄関に鈴やブザーを付けたり、鍵をかけることもしましたが、2階の部屋の窓ガラスを割ってでも、深夜に出ていってしまいました。雨の夜、傘もささずに、裸足で40分かけて実家に向かったこともありました。

当時の担当キーパーは、さすがに「もう限界」と何度も訴えていました。「ホームでは無理。病院か入所施設でなければ…」という切実な声に、ホーム全体が重い空気に包まれ、早急な対応を突きつけられていました。

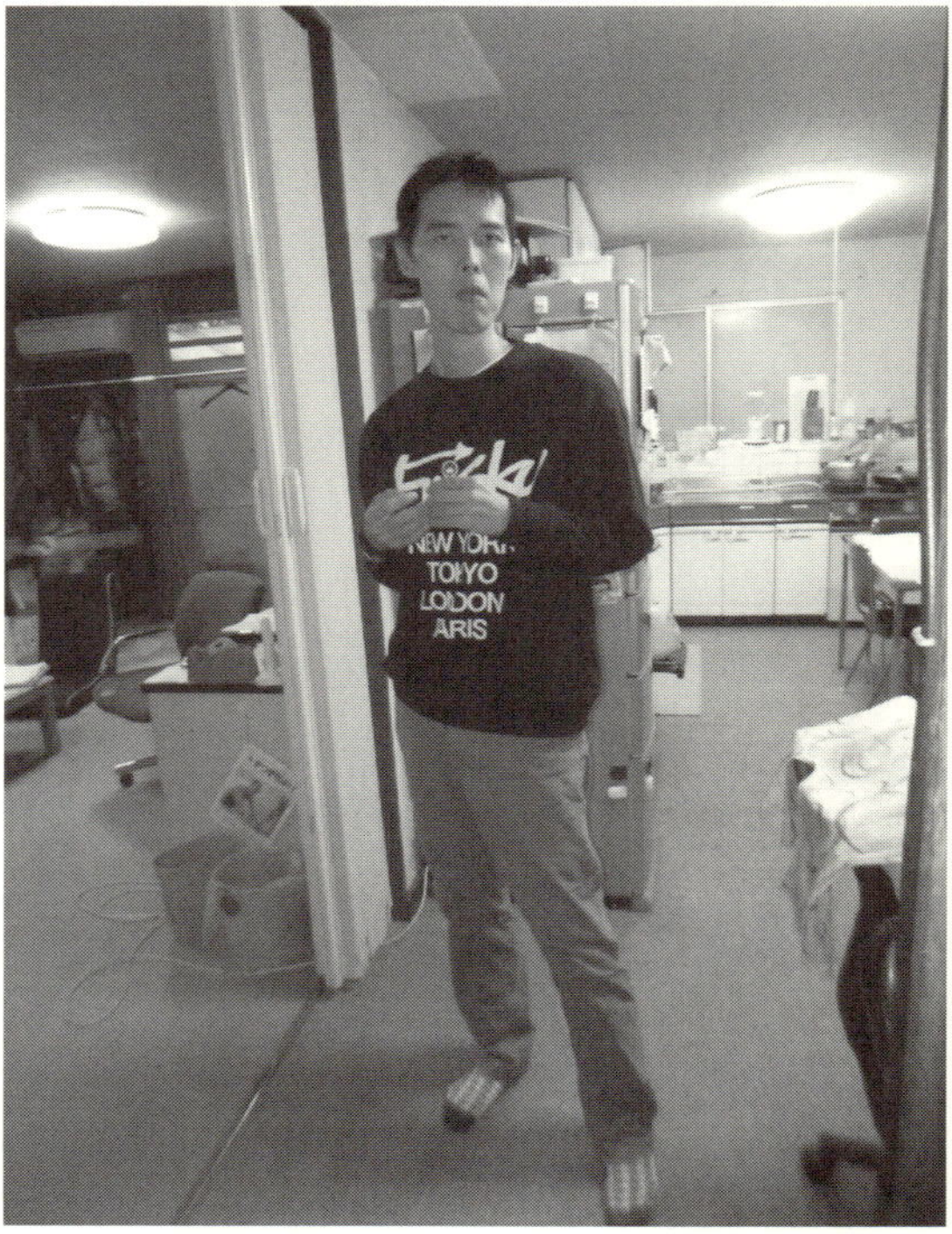

■「暴れたい」を「もっと楽しみたい」に

当初の政孝さんの暴れ方は、彼なりに気をつかって、周りの人が巻き添えにならないように場所もえらんでいました。ただ、複数の人に抑えにかかられると、逆に長引きました。キーパーの髪の毛を引っ張ったり蹴飛ばしたり…スイッチが入ってしまうともうだれも抑えられません。みんな彼から離れておさまるまで見守るしかありませんでした。

そして、ある程度大騒ぎすると自分で落ち着きを取り戻していました。深夜の外出でも、家族に会うと安心するのか、素直にホームに戻ってきました。

彼にとっては、ホームもお気に入りの空間でした。ホームの仲間がだいすきで、落ち着いているときは自分のお菓子をみんなに分けてくれたりしていました。ですからわたしたちは、政孝さんが決してホームが嫌なわけではないと考えました。自分の要求を受け止めてくれないなら、仮に施設に入所しても、ガラスを割ってでもまた抜け出すだろう、ホームでもうしばらく受けとめてみようということにしました。

そこで、「そんなにお母さんに会いたいのなら、昼間に会いに行けば?」「でも、行くときは裸足でなく、雨の日は傘を持ち、お母さんに連絡してから」と約束しました。その後、深夜の外出はまったくなくなりました。そのかわり、毎朝、実家に寄ってから作業所に通所することになりました。

しばらくして、だいすきなお母さんが1カ月ほど入院してしまいました。その間、実家に帰ることができなくなった政孝さんは、自分なりにがんばって我慢していました。しかしその反動は大きく、ようやく自宅に行くことがかなうようになった後も、それまで積もり積もった不満が爆発し、不安定さがこれまで以上のものとなってしまいました。

「家に住みたい」「ホームやめる」といった気持ちを受けとめてもらえないと、「イライラする」「あばれる」にかかわりました。このころは周りの人にも手を出すようになり、5名の仲間を1名で支援することが難しくなりました。ホームの雰囲気がざわつき始めると、他の仲間にも連鎖しはじめ、我慢していた他の仲間がイライラし、イスを投げたりテーブルを倒したり、悪い空気がホームによどみました。早急な対応が必要でした。夕方は複数のキーパーで対応し、彼の作業所のお気に入りの職員にも来てもらうなど、緊急対応が続きました。

わたしたちは、ホームの安定化に向けて、まずとらやホームのキーパー体制を男性2名の宿直にしました。落ち着くまで夕方の応援体制も配置し、キーパー会議や引継ぎノートで、意見交換や確認を日々行ない、仲間の行動で気になることは、なんでも徹底的に記録してもらいました。キーパー会議では、どういう流れでイライラしたのか、未然に防ぐ方法はなかったのかなどの共有を行ないました。「何があるかは不安だけど、早く政孝さんが安定してくれたら」と、キーパー全体で

想いをひとつにしました。月1回だけだったガイドヘルパーさんとの外出を複数回にし、だいすきな電車の楽しみをふやしました。精神科へも通院し、不安定時の向精神薬の投薬の再確認をしました。

そして、家族や作業所との調整会議を何度も行ない、彼の行動や言動等の状況把握をしっかりと共有しました。また、発達診断を10年ぶりに行ない、ケース会議で専門家からアドバイスを受けて、彼の苦しい思いやねがいに共感しつつ、支援内容を検討しました。彼の発達年齢は「3歳から4歳頃まで」で、社会的な行動も意識できる一方、幼児性が高く、甘えたい想いも強いそうです。

ホームとしての確認は、彼の、家に戻りたい気持ちや言動を抑えたり否定するのではなく、「帰れたらいいなあ」と同調し、キーパー集団全体が彼の想いをいっぱいに受けとめることにしました。彼の家族に甘えたいという想いに寄り添うことで、精神的な安定をめざしました。

■想いに寄り添う大切さ

半年ほどして、政孝さんもようやく気持ちが安定し、ホームも落ち着きを取り戻しました。ちょっとしたトラブルやヒヤリとする場面もまだまだありますが、緊張気味だったキーパーの力量もあがり、仲間がイライラしても笑顔で受けとめてくれています。政孝さんも食器洗いや洗濯物の取り入れなど、ホームの手伝いをいろいろしてくれています。

今、彼は「○○さんと一緒のホームに入りたい」「(職員の) ○○さんと同じ班で仕事したい」と想いを何枚も書いては、うれしそうに、わたしたちに見せてくれます。でも、「お父さんとお母さんがキーパーさんになって、そのホームに入ります」という家族への想いが一番の本音のようです。もちろん実現は難しいですが、彼の気持ち、想いにわたしたちが寄り添わない限り、前には進みません。しっかりと彼の一言ひとことを受け止めて聞いています。

このあいだのことです。私がとらやホームへ行くと、政孝さんがやってきて、

「…毛が生えてきた。もうおとな」

思わず吹き出してしまいましたが、

「今度は夜の高槻に行って、回転ずしを食べたい」

と、お寿司の絵を見せてくれました。

その時政孝さんは思わず「ニヤリ」。とってもいい顔です。

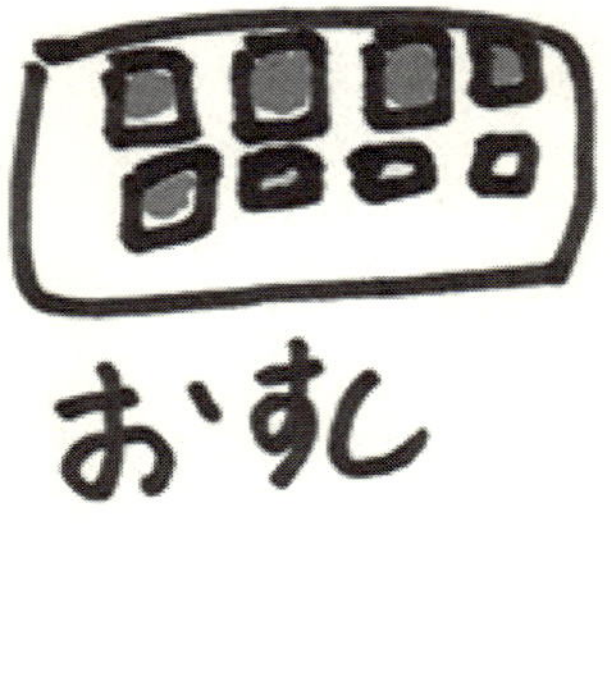

夢と笑顔のワンルーム

社会福祉法人練馬山彦福祉会　やまびこ三原荘（東京）

渡辺 智生

■夢と笑顔のワンルーム

東京都内にある「やまびこ三原荘」のワンルームに住む、30代の須藤ふみかさん。

「年齢が40代に近づいてきて、あまり結婚や出産には夢は持てていないのですが、いつかまた海外に行けるようになれたらいいなと思っています。病気になってから、あらたな友人も増えましたし、グループホームの住人のなかで、仲のいい人と映画や食事に行ったりもしています。家族とは月に2回くらい実家へ食事をしに行ったり、年末年始やお盆には帰省しています。就労についてはピアサポーターの延長線上で活かせる仕事に就くか、文章を書くことがすきなので、そういう創作活動もがんばっていきたいなと思っています」

今でこそ笑顔で語る須藤さんですが、20代前半に精神疾患を患ってから、幾度となくつらい経験をしてきました。入退院をくり返し、家族との関係に悩み、自分の居場所を探し続けてきました。

須藤さんは、神奈川県の生まれで両親と妹の4人家族で育ちました。大学4年の秋に就職の内定をもらうまでは、ごく普通の生活をしていました。ところが、家族の悩みや卒論、卒業旅行の準備、アルバイト、実家の引っ越しなどが大きなストレスとなり、卒業を間近に控えて体調を崩してしまいました。

激しい幻覚と不眠、極度の混乱。家族にタクシーで病院に連れていかれるまで、前後不覚な状態で自分で自分がコントロールできませんでした。これまで経験したことのないそうした状況は、急性期の症状だったと、あとから須藤さんはふり返ります。

「若さゆえ何でもやりすぎてキャパオーバーになっていたのだと思います」

病名は統合失調症。3カ月の入院を余儀なくされました。その代償は大きく、なんとか卒業はできたものの、楽しみにしていた卒業旅行に行けず、就職もできませんでした。

そしてその退院後の数年間、須藤さんはさらにつらい経験をすることになります。

■わたしはどこにも帰れない

退院後、両親が離婚。お母さんと妹と3人暮らしになり、父親との関係、薬の副作用など、精神的にも肉体的にも落ち着かない状況が続いていました。妹が結婚して家を出たあと、次第に体調が落ち着いてきたため、須藤さんはアルバイトを始めました。4年近くIT企業で働き、ようやく少しずつ将来のことも考えられるようになりました。そして1年間、ニュージーランドに滞在し、現地の病院で治療を続けながら、仕事をすることができました。しかし帰国後、須藤さんとお母さんが、妹家族4人の住む家に引っ越して同居することとなり、大きく生活環境が変わってしまいました。そのことが体調を不安定にさせ、統合失調症が悪化、再入院となりました。

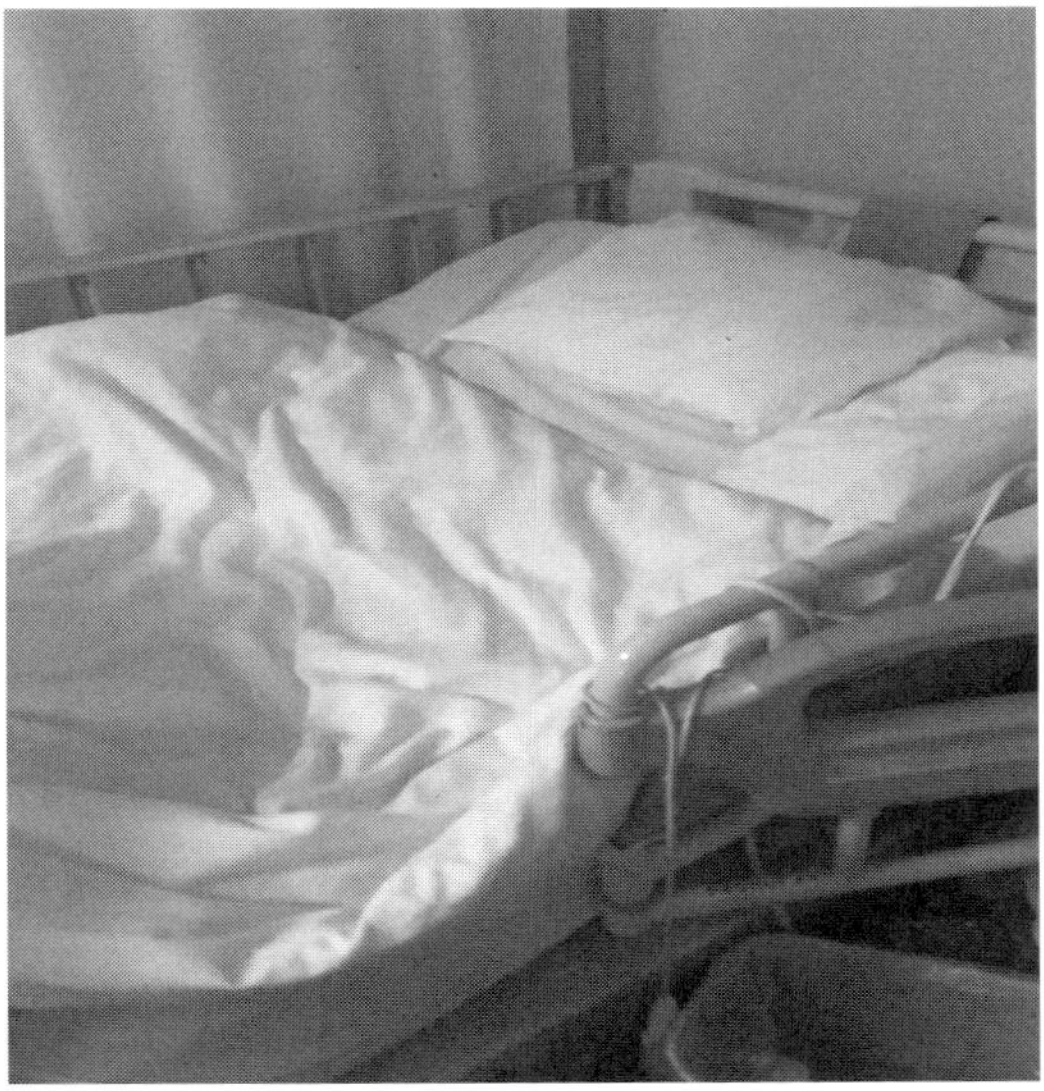

入院した当初は、退院までそんなに時間はかからないと思われました。しかしここで須藤さんは、受け入れがたい現実を突きつけられることになります。

それは、退院しても実家には戻れないという、非情なものでした。退院は遠のきました。当時はお母さんも働いていて、妹家族も小さい子どもがいて、須藤さんを一人で実家に置いておくことはできないということでした。

「この時私は、大きなショックを受けました。一方、私自身も実家を出て一人暮らしをしたいという思いが強くなりました」

退院した須藤さんは、病院から紹介されたグループホームに入居しましたが、体調が安定せず、すぐに再入院。半年たっても退院できず、住人不在のままホームも退居となってしまいました。

「わたしはどこにも帰れない状態になりました。実家には泊まれないし、家族との関係も悪化していました。母は見舞いに来てくれましたが、仕事が忙しくて話す時間はほとんどありませんでした。母以外の家族はほとんど見舞いには来ませんでした。私自身も本当に落ち込んだし、友人との関係も悪化してしまうなど、つらかったです」

精神障害は、本人の生活や環境の変化などにより、体調が悪化することがあります。また、病気そのものに加えて、それまでの家族関係や友人関係が悪化してしまったり、仕事や学校を続けられなくなるというショックが加わることが多くあります。須藤さんにとっては、妹が仕事をして結婚して子どもを産んで……という事実も、心境を複雑にしていたことでしょう。そして、自分の帰るべきところがないという現実が、何にもまして須藤さんの心に深い傷を負わせてしまったことでしょう。

そんな須藤さんが「やまびこ三原荘」を訪れたのは、3回目の入院中に、退院先を探していた4年前の春のことでした。

■ここでいいんだ

見学、面接、数回の体験利用を経て、須藤さんは入居しました。海外での生活経験もあり、服薬や金銭管理を含め、日常生活はあまり課題もなく、精神科の通院と病院デイケアの利用を当面の生活の柱にしながら、ホームに慣れていってもらうことになりました。まじめな須藤さんは、この間、自分のやるべきことを一つひとつノートにメモして確認していました。

須藤さんが入居した2階の女性フロアは、4人で玄関、お風呂、トイレ、キッチン、洗濯機を共用。共用部分の掃除やゴミ出しなどは分担してやっていました。新しい入居者が入ったときに、支援者（世

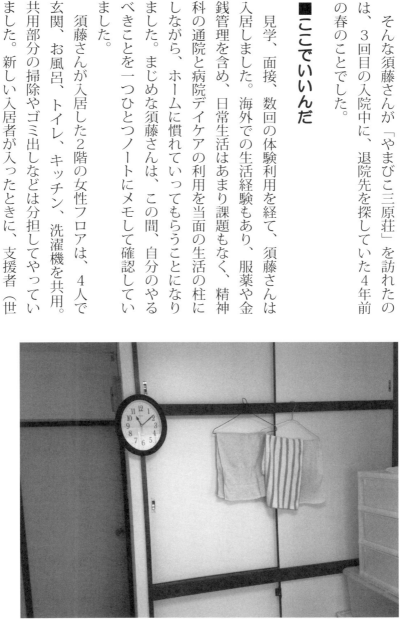

話人）が入ってそのフロアでのミーティングを行ない、大まかなルールの確認をしました。この時期は、新しい環境になじむ、ということを目標に支援してきましたが、緊張感が続いていたようでした。須藤さんは、２階の生活の中で気になることが出てくると、世話人に相談に来ていましたが、他の入居者にも調子の波があったりして、須藤さんの思うとおりにならないことが少なくない状況でした。

グループホームでは、入居者と世話人との関係だけでなく、入居者同士の関係も重要になります。お互いによい関係を持つことができれば、ひとりぼっちではない安心感を持ち、社会性が向上し、生活の安定につながります。うまくいかないと、逆に大きなストレスになってしまうこともあります。やまびこ三原荘でも、夕食会やミーティング、誕生会などで入居者同士の交流を図ります。

「入居してはじめの頃は、他の人に遠慮してなかなかうちとけられませんでした。少しホッとするのは夕食会のとき、料理を作ってくれる女性スタッフとおしゃべりをするときでした。料理の作り方や野菜の買い方を教えてもらったり、女性同士で気の置けない話をするのが楽しかったです」

そんなある日、須藤さんのおばあさんが亡くなりました。須藤さんたち家族のお見舞いもむなしく、入院して数カ月後のことでした。須藤さんは、実家に外泊して葬儀に参列しました。その後気力の落ち込みもあったのでしょうか、デイケアを休む日が続きました。そんな須藤さんに対して、世話人や周りの入居者は気づかいを見せていましたが、それが心に響いたようでした。

「デイケアを休んで何もできないでいた私に、入居者や世話人さんが心配していろいろ声をかけてくれるようになり、やすらげる思いがしたというか、自分の居場所としてここでいいんだと思えるようになってきました」

やまびこ三原荘の世話人と他の入居者との一体感やお互いの信頼関係ができ、一緒にいることで安心感を持てるという自然な流れが、須藤さんの気持ちを穏やかにささえていたようです。そしてそれは須藤さんにとって、やまびこ三原荘が自分の居場所であることを、ようやく実感できたときでもありました。

■一人暮らしへの思い、家族の思い

その後、須藤さんはデイケアに再び通いはじめ、徐々に落ち着いた生活を送っているように思えましたが、翌年、不安やうつ状態を頻繁に訴え、再入院となりました。もともと冬に調子が悪くなりやすく、その頃ダイエットのために食事を制限していたのも引き金になったようでした。

しかし、この入院は、お母さんやグループホーム、病院関係者などからの働きかけもあり、今後の生活を安定させていくきっかけとなりました。

「入院中は、母も心配して週2回はお見舞いに来てくれました。世話人さんも来てくれて、当初からきちんと回復して戻ってくるのを待っているメッセージを出してくれたのもありがたかったです。病院のスタッフも含めて、むしろ具合が悪くなったことで周りがすごく心配してくれていたので、やまびこ三原荘に入居する以前の入院とは違って、回復した先のこともきちんと考えられてよかったと思います。

私にとってのこの入院は、自分の現状を見直すきっかけになりました。自分が困ったときに、だれにどう連絡するかを考えるようになりましたし、自分の体調をきちんと維持するためには、生活リズ

ムや食事にもっと気を配る必要があると思うようになりました」

この退院から1カ月後、須藤さんから希望が出されました。

「将来的にはグループホームを出て一人暮らしをしたい」

世話人としては、すぐに一人暮らしは難しいが、今の生活を安定してやっていくことができれば可能だろうということ、またお母さんや家族ともよく話し合って協力してもらうことが大事だと答えました。

そこで、須藤さんからの希望で、お母さんと須藤さん、世話人の三者で話し合いをもつことになりました。入居前の面接の時には、不安そうな表情でお母さんの横に座っていた須藤さんですが、このときは、机をはさんでお母さんと対面して座り、須藤さんと世話人が並んで座りました。入居して約1年の間の須藤さん、お母さん、世話人の関係性の変化が、この座る位置に象徴されているような気がしました。

話し合いでは、須藤さんからはお母さんに自分の希望を冷静に伝えることができ、世話人からは、須藤さんのグループホームでのこれまでの生活と将来の見通しを話しました。

お母さんは、わたしたちの話をよく聞いてくれ、「娘（妹）とも相談させてほしい」とのことで、その日の話し合いは終わりました。

約1週間後、お母さんから須藤さんに返事がありましたが、それは決してうれしいものではありませんでした。

「いずれは実家で同居することも考えて、もっと妹たちときちんと話し合うように」

「グループホームは自立のためではなく、療養のため」

と言われたとのことでした。須藤さんは、お母さんに自分が自立できるということを認めてもらえていないのではないかと落ち込んでいた様子でした。また、同居することは、お母さんたちにとっては普通のことでも、須藤さんにとっては、子どもたちを叱る声が自分に向けられているように聞こえたり、生活時間の違いに気をつかったりしなくてはならないことで、一緒にくらすことは簡単ではないと思っていたのです。

世話人からもお母さんの気持ちを聞きましたが、「一人暮らしになると、また体調を崩すのではないか心配。同居している孫が大きくなって手がかからなくなったら、私（お母さん）が面倒を見たい」というものでした。ご家族としては、ごくあたりまえの想いが、そこにはありました。私は、須藤さんに「同居するとしても将来のいつになるかわからないし、とりあえずそのことは保留にしておいて、お母さんや妹さんとよくコミュニケーションをとることが大事」「グループホームで入院せずに生活していくこと、仕事に向けてとりくむなど前向きな姿を見てもらうことで、お母さんも認めてくれるのでは」と話をしました。世話人として本人の立場に立って、お母さんとの関係を取り持つ役割を任せてもらうようになれたことは、須藤さんとの信頼関係がしっかりと築けていたからこそだと思います。

その後、須藤さんは落ち着いた生活を続け、家族とよくコミュニケーションをとるようにしていました。おいやめいと一緒に遊んだり、誕生会に出たり、時々泊まることもありました。年末年始には、妹夫婦も休みなので、相談ができたようでした。またデイケアの職員に相談して、就労をめざしていくこととなり、デイケアの就労プログラムに参加して、就労の準備をしていきました。少しずつ新しい目標が、須藤さんのなかに芽生えていました。

■とうとうOKをもらった

ここから須藤さんは、大きく人生を切り開いていきます。これまで入居していた居室を移り、サテライトのワンルームに引っ越したいという希望を世話人に告げたのです。

グループホームは、同じ建物の中に入居者の住む居室と入居者が集まる交流室を置かなければなりませんが、交流室のある建物（本体）から徒歩で通える範囲の建物に、居室だけを設置したものをサテライトと呼びます。ですから、サテライトでは限りなく一人暮らしに近い形で、必要最小限の支援を利用しながらくらすことができます。

「生活をすべて自分で決めるのでうまくやっていけるか不安がなくはありませんでした。だけど、引っ越しは世話人さんが手伝ってくれることや、食事は三原荘で引き続きとることができること、何かあったら携帯で電話すれば世話人さんが来てくれることを確認して、自分としてはチャレンジしたい気持ちが高まりました」

須藤さんの不安な気持ちを受け止め、できるようになっていることを評価していったことで、自分に自信がつき、主体的にさらなるチャレンジができるようになっていったのだと思います。

このときはお母さんも、孫たちの年齢もあり、自宅で同居する環境もまだ整っていないこと、部屋が自宅からも比較的近いということで、快く了解してくれました。

「とうとうＯＫをもらった」

その時の心境を、須藤さんはそう話してくれました。

サテライトに移ってからの須藤さんは、さらに自分らしいくらしをつくっていき、地域生活支援センターが行なうピアサポーター活動にも積極的にとりくんでいきました。

「一人暮らし（サテライト）になってから、自己管理能力というか、ごみの出し方や部屋の掃除など意識を持ち、自分なりに生活を組み立ててやっていると思います。何より、独立した住まいを持てたことで、家族や友人を気軽に部屋に呼べるようになりましたし、物音とか門限とかを以前より気にせず、自由がひろがりました。共同生活で感じていた掃除や買い物などの不公平感もなくなったし、私にとっては良い変化であったと思っています」

やまびこ三原荘にやってきて約２年半。須藤さんはようやく自分の家を手に入れました。

■一人の人間として人生を送ること

これまでの生活をふり返って、須藤さんはこう話していました。

「障害者というのは特別な存在ではなく、一人の人間として個性や自由を認められたうえで、支えあって生きていき、人生を送るのが理想だと思います。

やまびこ三原荘でやっていることは、基本的にはよく話しかけ、コミュニケーションをとることと、おいしい食事を提供することとか、普通の共同生活でも必要なことだと思います。ただその濃さというか、かける時間とか、心配りがより必要なのだと思っています。

私にとって、やまびこ三原荘はかけがえのない仲間がいる、居場所であると思います」

日本では、入院治療の必要はないが、社会的な受け入れ体制が乏しいために入院せざるを得ない＝「社会的入院」が多く存在し、その解消が大きな課題となっています。そのために、グループホームが

1つの大きな役割を果たします。もちろん社会全体で受け入れていく環境も必要です。

精神障害は、病気に加えてそれまでの社会生活から外れてしまったことや、人間関係が傷ついてしまったことによるショックが大きい場合があります。しっかりとした人間関係をつくり、社会から受け入れられることによって気持ちも安定し、その人らしく生活できるようになるのです。安定した生活をしていけば、須藤さんのように仲間ができ、傷ついた自分の心、そして家族関係も修復されるようになるのではないかと思います。

また入居者の表面上見えている、精神障害によるものと思われるような言動にも、人間としての尊厳を認めることが大事です。その理解には専門的な知識も必要ですが、それは手段であって目的ではありません。目的はあくまでも、その人らしく生き生きと生活すること。そしてそのために信頼できる支援者と、仲間が必要なのだと思います。

須藤さんは今、ピアサポーター活動に力を入れ、地域生活支援センターのスタッフと一緒に、精神科病院の訪問などをしています。以前病院に来ていたピアサポーターが生き生きとしていて、その人のようになりたいと思って活動を始めたそうです。やまびこ三原荘入居前は、他の当事者との関わりが薄かったのが、入居後の生活で入居者同士での人間関係をつくることができ、それが自信につながり、今までの経験をピアサポーター活動に活かすことができているとのことです。

とても前向きにくらしている須藤さん。やりたいことが多すぎて、体力的にきつくなってしまうのが玉にキズですが、ペース配分に気をつけて、さらに飛躍できるように願っています。

さくらハウスのさくら

社会福祉法人福岡ひかり福祉会　かしはらホーム（福岡）

宮崎 玲子

私がここ、かしはらホームに生活支援員として着任したのは、12年前の春でした。当時できたばかりのかしはらホームは、木をふんだんに使った落ち着いた空間に、50人の仲間がくらしていました。私が担当することになったのは、4つある生活棟のひとつ「さくらハウス」。庭に植えたばかりの桜の木が、もうしわけ程度にポツポツと花を咲かせていました。

青柳まさえさんが、54歳でさくらハウスに入居してきたのは、ちょうどその頃だったと思います。

■青柳さんの「くらし」がはじまった

午前2時。

「青柳さん、宮崎です。入りますよ」

「こっちこんで」

「あんたのせいで眠れん」

今夜もさくらハウスには、青柳さんの叫び声が響きます。

「病院に帰る、薬出してくれ、注射してくれ」

「どうにかしてー」

青柳さんのかしはらホームでの生活は、戸惑いと混乱からはじまりました。無理もありません。彼女は15歳から39年もの間、精神科病院に入院していました。どうして彼女が精神科病院に入ることになったのかさえ、知っている人はいませんでした。そして、

家族や知り合いもおらず、外泊や公共交通機関も利用したことのない、長い閉ざされた生活から、いきなりのかしはらの生活は、混乱と不安をくり返すだけでした。

「今日は静かに寝てくれるといいけど」

私も他の職員も、泣き叫ぶ彼女にどうかかわっていいかわからず、オロオロと不安になっていました。また、一緒にくらしている仲間たちも、彼女の行動にピリピリしていました。

ある日、買い物に出かけた先で、床に大の字になって大声をあげてしまったことがありました。

「早く買いたいの。早く、早く、これください」

レジの順番を待つことができずに、どうしたらいいかわからなかったのでしょう。それまで病院の売店でしか買い物をしたことのなかった青柳さんにとって、たくさんのお客さんや話し声、順番待ちは経験したことのない状況です。

「青柳さん、一緒に順番待とうね」

何度もなだめながらようやく歯ブラシと時計を買いました。

次の週、

「青柳さん、この前買った時計、どこに置いたかな」

「いらないから捨てた」

彼女はいつも、買い物を楽しみにしていました。でも必要なものを買うというより、買うことそのものが目的だったのだと思います。使わないはずの歯ブラシや時計を毎回どんどん買い、あげくのはてに買ったものを使わずに捨ててしまう。毎回相当な金額を使っては捨ててしまう。くり返しくり返し買っては捨ててしまう。私は、「あんなに苦労して買ったのに。お金があるからといって無駄に使っていいわけがない」と考えるようになっていました。他の職員たちも「使っていいお金を制限しよう」とか、「買い物に行く回数を減らそう」とか、目の前でくり返される問題を解決するために、行動を制限しようという話にどんどん進んでいきました。

わたしたちは話し合いを重ねました。なかなか方向性が見えてきませんでしたが、ある職員が、青柳さんから直接聞いた若い頃の話に、みんなの気持ちが向けられました。「15歳の頃、住みこみで織物工場で働いたけど、お金ももらえず、すぐやめさせられ、行くところがなかった」「病院では何もせんやった。けど、好きな人がおったらしい」と子どもの頃の青柳さんの姿を思い浮かべました。人生で最も輝ける青春時代から、40年近くの病院生活で失ってきたものの大きさを確かめ合いました。そこから「少しでも失ったものをとり戻せたら」「ちょっとでも輝ける人生をつくれたら」と職員の気持ちに変化が生まれ、青柳さんの行動への見方が変わり始めました。

「青柳さんが一度に使うお金って、そんなに大金なのかな」

「先週の休みに私が買っちゃった洋服は無駄遣いだったな」

「それに比べりゃあね、無駄は無駄でも、青柳さんの歯ブラシや時計は意味が違うかもな」

「これまでを考えると、今起きていることは起こって自然なことかもね」

「変わっていくには、長い時間かかることは、あたりまえだね」

「混乱するからダメではなく、混乱しながら本人が少しでも楽しみにしている世界をひろげていこう」と、近くのスーパー、コンビニだけではなく、さらに車で移動して、雑貨屋さん、洋服屋さん、量販店などいろんなところへ買い物に行くようにしました。

こうして青柳さんがくり返す、さまざまな不安定な行動について、可能な限り彼女の目線で考え、その背景もそれまでの彼女の人生のあゆみのなかで理解することを心がけるようにしました。わたしたちは日常のくらしのなかで、青柳さんから発信される想いにしっかり目を向け、少しの変化でも職員同士で確かめ、その意味合いを深める作業を行なうことにしました。


病院生活が長かったこともあるでしょう、青柳さんは人との付き合いがとても苦手でした。仲間たちがいる空間、声や音は、さぞかし大変だったと思います。気に入らないとすぐに自分の部屋にこもったり、機嫌がよさそうにやりとりしていると思ったら、疲れたのか、ぷいと怒ったようにその場を離れていきます。簡単には自分のペースを変えません。

でも、青柳さんの行動にピリピリしていた周りの仲間も、やがてお互いに上手に距離感をとれるようになってきました。仲のよい人もだんだんと出てきました。同年代の女性のことは、一番意識していて、その人の持ち物や服などを気にしています。70歳代のシャキシャキしている年配の方とは、いつも大喧嘩をくり返します。視覚障害の仲間とは、お互いの部屋を行き来し、部屋の中での会話がひろがります。でも、青柳さんがあまりしつこく叫んでいると「あんた、うるさい」と一喝されます。いつもウロウロしている障害の重い仲間から、肩を叩かれたり、頭にいろんな物をのせられても、不思議なことにいつもニコニコ顔です。仲間たちは、一人ひとり違います。青柳さんも一人ひとりと違った関係を自分の力でつくり、多様なかかわりのある生活をしているのです。

しかし、そんな彼女も話し合いは大の苦手。興味がある時だけの参加です。長い時間、じっと座って、みんなの中にいることは、緊張感が高まります。あくまで、自分のペースで、自分の調子に合わせての参加です。

職員との関係もいろいろです。職員とつきあうなかで、一人ひとりとのかかわり方をふり分けていきます。美容室に行くときの職員、外食に行くときの職員、不安なときに寄り添ってほしい職員…。また、若い職員のオシャレな髪型や服装を参考にしています。いろんな意味で身近なモデルでもあるのでしょう。

■「くらし」が青柳さんを変えていく

「お風呂はあったかくていいねえ」

「青柳さん、今度美容院いつ行くの?」

「こんどはひとりで行くの。宮崎さんみたいな色にしてもらうの」

女性のお風呂は、話がはずみます。まさに裸の付き合いです。湯船にゆっくりとつかっておしゃべりして、ゆったりした気分が味わえます。お風呂から上がったら、女性棟は身だしなみを整える時間として男子禁制。秘密の話も出る大切な時間です。

青柳さんが、こうしてお風呂が楽しみになり、私と湯船につかっておしゃべりするようになったのは、いつ頃からだったでしょう。はじめのころはお風呂嫌いで、数日に一度入っても体を洗うこともできずにいました。そんな彼女がだんだんとお風呂の時間を気にしはじめたり、今日の当番職員はだれかと聞いてきたり、買い物に行って自分用のシャンプーを買ってきたりするようになりました。

同じ頃でしょうか。彼女の部屋に手紙が飾られていました。だいすきな職員から受け取った大切な手紙でした。

「まさえさんへ、って書いてあるの」

「へえ、私にも読ませてよ」

「だめだよー」

と、赤い顔。

どうやらバレンタインチョコのお礼だったようです。

そういえば、かしはらで生活を始めた頃は、いろんな行事で撮った写真も、すぐに捨てていました。それがだんだんと写真をアルバムに貼るようになったり、こうして手紙を飾るようになったり。今では青柳さんの部屋はいろんな思い出でいっぱいです。

かしはらでくらし始めた頃には、旅行に行くこともままならなかった青柳さんですが、65歳で意を決

して宿泊旅行に挑戦してみました。みんなで行きたいところを相談し、少しゆったりとした旅行で、温泉に入り、おいしい物を食べることが目的です。

「青柳さん、泊まりの旅行、行ってみない？」

「行かない。眠れないし。怖いし」

「山本さんが一緒に行ってくれるよ。夜は私と寝ようよ。いっしょにお風呂入ろうよ」

いちばん信頼を寄せている男性職員が道中は一緒に行動し、夜は私が同じ部屋で寝ることで、ようやく行くことに決めました。

でもホテルの部屋に入ると、体は固まり、涙を流し「帰りたい」をくり返します。夜は何度もかしはらホームの泊まりの職員に電話します。「がんばっているよ、明日帰るよ」とくり返し報告し、確認します。体はぐったりしつつも、気持ちが高ぶってなかなか寝ることができません。何とはなしに寂しさや不安がこみ上げてくるのでしょう。一晩中泣いて、夜を明かしました。付き添っていた私も、思わずもらい泣きをし、長い夜を一緒に過ごしました。青柳さんの不安をささえきれなかったことに、私は自責の念にかられ、体はぐったり。

でも青柳さんは、何事もなかったかのように、二日目の旅行にもちゃんと参加して、

「また行きたいね。楽しかったね」

人生初めての宿泊旅行は終わりました。

私はふと、かしはらで体験している毎日の生活の積み重ねが、青柳さんの人間らしさを少しずつとり戻しているのだと思いました。

鍋を囲んでの正月、春には花見やバスハイク、夏には浴衣まつりや花火などで季節を感じます。みんなと楽しく夕食を食べたり、夕食後のコーヒータイムでは、リビングでみんなと一緒にテレビを見ることもたまにあります。カップラーメンをついつい食べ過ぎてしまう青柳さんを心配して、「病気になるよ」と仲間から声がかかります。苦労してたどり着いた宿泊旅行の経験も、終わってしまえば彼女の大きな自信となって、そこからまた新しい生活のひろがりがあったことでしょう。

思い出がいっぱいある仲間の葬儀に参列した時は、自分もこうなった時どうなるんだろうかと思ったらしく、

「あたしが死んだら、宮崎さん、何かしてくれる?」

「大丈夫よ。みんなで、お葬式をやるよ」

ホッとしたような笑顔を見せる青柳さん。

楽しいこと、つらいこと、いろんな気持ちが浮かんでは消える毎日のくらしをくり返す一方で、突然

の仲間の死という大きなできごとに出会い、思わず将来に少しだけ目を向けてみた、そんな青柳さんの姿がありました。

数年たって、還暦のお祝い会の時のこと、

「青柳さん、これからしたいことはなんですか」

と聞くと、

「長生きがしたいの」

こんな未来に気持ちを向けた青柳さんの世界のひろがりは、人生のひろがりと言っていいのかもしれません。

■「添う」と「寄り添う」

青柳さんの12年間をふり返ってみると、日々いろんなことに気持ちを向けて、毎日精一杯に生きている、彼女の力強い生きざまに圧倒されます。毎日の生活では大きな変化として見えなくても、健康、人とのかかわり、暮らしぶり、少しずつ着実に変化してきました。

私は、青柳さんと数えきれないぐらい、いろんなことでやりあってきました。はじめの頃、眠らない彼女に付き添い、朝まで私も寝ることができず、夜通しやりあうことはあたりまえのようにありました。でも次の出勤日に青柳さんの方から、「この前はごめんね」と謝りにきてくれたことがありました。これには正直驚かされました。よっぽど私の言い方がきつかったのかなという反省の気持ち、青柳さんから歩み寄ってくれてうれしい気持ち、反対に申し訳ない気持ち、いろんな気持ちが交錯し、大きく心を揺さぶられるできごとでした。

　安心して眠れるような就寝時の支援はできなかったけど、ああでもない、こうでもないともがいていた私の姿から、何かしら青柳さんが感じとってくれたのかなと思ったりもしました。困ったことを解決してくれて、快適なくらしを送れるようにする支援が、よい支援というものかもしれません。でも「この人も私と一緒になって困っているんだな。私のこと考えてくれているんだな」と青柳さんに感じてもらえる、そんな実践を大切にしていきたいのです。

　ある施設でベテランの方が、「支援者はよく、『相手に寄り添った支援をしろ』と言われます。しかし、人に寄り添うとは、そう簡単にできるものではありません。せいぜい『添った』支援を心がけるのが、精一杯かもしれません」と言っていたことを思い出しました。私は青柳さんに対して、いろんなかかわりを持ってきました。そのかかわりは、結局、青柳さんに「添った」実践だったのかもしれません。彼女の変化は何といっても、彼女自

身が、まわりの支えを得ながら、自らの力で一歩一歩切り開いてきたということです。そして青柳さんの中で、自分自身がかけがえのない存在だということが確かめられたり、実感できてきたことが、病院生活から抜け出し、かしはらでくらしていく原動力になっているに違いないと思うのです。

今も彼女は、1日何回かは部屋にこもって大きな声をあげたりします。どうしても不安な気持ちを上手に処理できないのかもしれません。夜は、その不安が大きくなる時があります。22時の職員の引継ぎが終わったころを見計らって、職員室に入ってきて、話したり、温かいコーヒーを飲んだりしながら、眠くなるのをまって、部屋に戻ります。彼女が、12年のかしはらのくらしの中で、自分で見つけたちょっとした夜の大切なやすらぎの時間です。

12年前、ポツポツとしか咲いていなかったさくらハウスの桜の木は、まだ幹は細くて枝ぶりも今ひとつ。だけど、去年よりたくさんのきれいな花が、誇らしげに咲いています。青柳さんは、来年はきっともっともっとたくさんの花を、仲間と一緒に見上げることでしょう。

ビデオテープは宝物

社会福祉法人ゆたか福祉会　ライフサポートゆたか（愛知）

今治 信一郎

■前田さんとの出会い

前田さん（40代・男性）は軽度の知的障害と足に軽い麻痺があります。これまで路上生活も経験するほど、厳しい環境の中で生きてきました。そのあとは引きこもりのような生活を長年しており、外出するのは近くのコンビニに弁当を買いに行く程度。頼れる親や知人もおらず、地域とのつながりもありません。そんな彼が突然、入院をしなければいけなくなりました。末期の癌が見つかったのです。その時の担当のソーシャルワーカーは、彼が退院後の生活を安心して送っていくために、ヘルパーを利用していこうと働きかけていました。そして彼の退院後、ヘルパーの私は前田さんと出会いました。

前田さんの部屋に私が初めて訪問した日。前田さんのアパートに到着すると、その玄関のドアの前にはなぜか芳香剤が置かれていました。それは部屋から漏れる臭いに耐えかねて、となりの部屋の方が置いたものでした。

私は緊張しながら、「こんにちは」とドアをノックしてみましたが、返事はありません。もう一度声をかけてみても、やはり返事は返ってきません。覚悟を決めて、大きく深呼吸をしながらドアを開けると、悪臭漂う部屋の空気がどっと押し寄せてきました。

部屋はカーテンが閉め切られていて、その薄暗い部屋の真ん中に前田さんは、独り座っていました。残飯の残された弁当箱が、ベッドの上にいくつも積み重なっており、そこから腐敗した臭いが漂ってくるのがわかりました。

「ヘルパーの今治です。よろしくお願いします」
私は声をかけてみますが、前田さんからは返事はなく、横を向いてしまいました。

■何から手をつけていけばいいのか…

前田さんへの主な支援内容は、部屋の掃除と片づけです。部屋は大量のビデオテープとゴミ・残飯で埋め尽くされており、ベッドにはとても横になって寝られるスペースはありませんでした。前田さんは壁にもたれながら座って眠るしかない状況でした。

この部屋を掃除するといっても、いったいどこから手をつけていいのか見当がつきません。とりあえず目の前にあったビデオテープを片づけようと、「ビデオテープを片づけましょうか?」と声をかけましたが、「触るな!」と鋭い一言。結局、訪問初日は、こちらからの声かけには何も応えてくれないまま支援を終えました。

次の週も前田さんは、前回と同じようにベッドに腰かけて待っていました。しかし、私の声かけにはチラッとこちらを見ただけで、あとはすぐに窓の外のほうを向いてしまいます。部屋の片づけの最中もほとんど話すことはなく、なんだか私との時間を我慢して過ごしているのではないかと感じました。

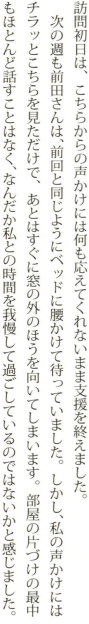

ある日、前田さんがコンビニのレジ袋にいっぱいの食べ物を買って帰ってきたことがありました。前田さんは液状の栄養剤でしか食事がとれず、固形の食べ物はもう食べることができなくなっていました。それでもお弁当を買ってきては、それをそのままベッドの上に山積みにしていきます。食べることができずに、そのまま腐ってしまった弁当を処分する私をじっと見つめる前田さんの顔を、私は今でも忘れることができません。そんな前田さんの苦しみを感じながら、私は作業を続けていきました。

ひとりきりでのくらしが長く、周りの人と関わる経験が少なかった前田さんにとっては、私との出会いは大きな生活の変化でした。それはとても強い緊張とストレスを強いられることだったでしょう。

そのようななか私は、作業をすすめながら、彼との関係を深めるきっかけを探すようにしました。共通の話題を見つけようと家事をしながら話しかけたり、前田さんの視線の先から興味があるものを探してみたりと、試行錯誤しました。しかし、関係が深まっていくような感じはまったくありませんでした。また、部屋の片づけも一向に進んでいく気がしませんでした。片づけようと思っても初日のあの鋭い前田さんの一言が頭に残っています。どこかに前田さんの爆発のスイッチが隠されているのではないかと内心ビクビクしながら、私は部屋の片づけをしていくしかありませんでした。

■ビデオテープは宝物

彼との関係づくりに悩んでいた私は、同僚にも相談しました。その同僚からは「前田さんが大切にしていることを考えてみては?」とアドバイスをもらいました。私はそのアドバイスを胸に次の訪問に臨みました。

　彼の部屋に入ってあらためて部屋を見渡してみると、たくさんのビデオテープが私の目に飛び込んできました。「もしかしたらビデオテープは前田さんにとっては大切な宝物ではないか」と私はすぐ考えました。それはほとんどが昔のテレビドラマの録画で、ビデオデッキが壊れているため、ここでは観ることができないものでした。しかし、部屋を片づけながら「ビデオテープを見やすい場所に整理しましょうか?」「ビデオテープが汚れているから、また観られるようにきれいに拭いておきますね」などと、さりげなく言葉をかけるようにしました。私は返事をもらえなくても無理に求めず、彼にとって宝物かもしれないそのテープを、大切に扱うことを意識するようにしました。

　それから長い間、変わることなく彼からの返答はほとんどありませんでした。しかしある日のこと、驚くことがありました。私がふと彼のほうに目を向けると、床に置かれていたビデオテープを前田さん自らが、棚の中に片づけていたのです。これまで、前田さんが何かを片づけるという姿をまったく見たことがなかった私は、ヘルパーの支援を意識し受け入れら

れていたことのうれしさと同時に、自分から片づけようとする前田さんに、お互いの関係が少し近づけたように感じました。

この気づきによって、私自身の前田さんに対する見方も少し変わりました。前田さんはヘルパーの支援に対して拒否的だと思っていましたが、よくよく考えてみると「来るな！」などの拒否的な言葉を彼から受けた経験はありませんでした。前田さんからの厳しい言葉は、初めての訪問時にビデオテープを片づけようとした時の一言のみでした。

「拒否している」と思い、マイナスイメージを持っていたのは私の方で、むしろ前田さん自身は慣れない他人の訪問に対して戸惑いながらも、「人との関係を受け入れよう」としていてくれていたのだと今は思います。

■前田さんの本当の気持ち

ヘルパーが支援に入るのは、その人のくらしの中の一部分だけです。ヘルパーにとっては1～2時間の切り取られた時間の中での支援であっても、利用者にとっては、過去からこれからに続く大切な時間です。その時間を同じ気持ちで過ごしていくためには、利用者の生活歴、趣味趣向、大切にしていること、嫌いなことなど、たくさんの情報を知っておくことが必要です。事前のアセスメントだけでは知りえない情報が、支援に入る中でわかってくることもよくあります。また、一人ひとりのくらし方や価値観はそれぞれ違います。「その人らしいくらし」を支援するとよく言われますが、その人らしさを理解するには、お互いが理解しあい、信頼関係を深めることが必要です。そのためには、あせらずに時間をかけて、かかわりの中で「きっかけ」を見つけることが大切です。私の場合は、部屋の状況から前田さんのすきなことや大切にしている物を探っていったことが、関係を深めていくきっかけとなりました。

そして、ビデオテープの整理を無理に促すのではなく、それをヘルパーである私も大切にしていることをさりげなく伝えながら、視界に入る範囲で支援したこと。きっとその「さりげない距離感」が、前田さんの緊張を和らげ、私のことを受け入れる助走期間となったのだと思います。

やる気に満ち溢れたヘルパーほど、利用者のくらしが「大きく変化する結果」を無意識に求めてしまいます。くらしに変化が感じられないと、「自分の支援が役立っていないのでは？」「がんばっても利用者は変わらないのでは？」など、支援に対して疑問や不安、ときには不満を持ってしまうこともあります。

しかし、自宅にヘルパーが入ることを受け入れるだけでも、利用者にとっては大きな変化だと思います。また、くらしの中で、突然大きく変わるということはまずなく、前田さんが自らビデオテープを片づける姿も、生活の中ではほんの些細な小さな変化だったかもしれません。しかし、一つひとつの小さな変化をキャッチして、ていねいに積み重ねていくことが大切であり、早急に結果を求めない姿勢が、利用者に寄り添った支援といえるのではないでしょうか。

前田さんは支援に入って3カ月後に亡くなりました。一度だけ「買い物に行きたい」と話してきてくれたことがあります。もうその頃は体の衰弱がさらに進んでおり、立っているのも大変な状態でした。前田さんは、食べることができない弁当を一つひとつじっくりと時間をかけて吟味していました。食べ物を真剣な表情でえらぶ姿が、「生きたい！　また食べることができるように元気になりたい…」という前田さんの想いを表しているようでした。私はそっと後ろから見守ることしかできませんでしたが、人に寄り添うとはどういうことか教えてもらったように思います。買い物のあと、前田さんがポツリとつぶやきました「ありがとう」。私は涙をぐっとこらえました。

シャワーのお湯の温度

社会福祉法人ゆたか福祉会　ライフサポートゆたか(愛知)

今治 信一郎

■お父さんへのいら立ち

知的障害のある剛さん(55歳・男性)は、心臓病で入退院をくり返すお父さん(81歳)とふたりでくらしています。剛さんとお父さんは、普段から喧嘩が絶えません。お父さんは、盗癖から警察にお世話になることもある剛さんにはどうしても厳しくなってしまいます。また、剛さんがひとりで入浴しないことや、部屋を片づけないことなどをとても気にしていて、時々強い口調で「お風呂に入れ！」「部屋を片づけろ！」と怒りますが、そんなお父さんに対し剛さんは反発し、部屋に閉じこもったり、逆に外に出て行ってしまったりします。

そんな剛さんのことで、作業所の職員から相談がありました。自宅での入浴ができていないために体からツンとする臭いがしているとのことでした。その相談を受けて、私が入浴支援に入ることになりました。

初めて私が入浴支援で訪問した日です。剛さんと仕事や趣味の話などの会話を楽しんで、そろそろお風呂に入ろうと準備をしたところ、お父さんが「早く風呂に入れ！」と急かしに来ました。剛さんが、無駄なおしゃべりをしているとお父さんは感じていたようでした。注意された剛さんは「わかったわ！」と言ったまま、ふてくされて横になってしまいました。せっかく楽しい雰囲気から入浴へとつなげる流れを作ったのですが、これでまた始めからやり直しとなってしまいました。そのあとまた時間をかけて、入浴するところまで流れをつくることができましたが、入浴中も剛さんは、お父さんへの愚痴をずっとこぼしていました。

■言えないでいたこと、知らなかったこと

剛さんの入浴支援に入って気がついたことですが、剛さんは決して、入浴が嫌いというわけではありませんでした。シャワーのお湯の温度の調節方法がわからなかったり、細かな部分まで体が洗えなかったりと、ところどころできないことがあり、そのできないことがひとりで入浴しないことにつながっていました。一見すると、身辺自立ができているように見える剛さんですが、生活上において支援が必要なことが細かなところでたくさんあり、そのことがうまく周りに理解されておらず、剛さん自身も困っている様子でした。

お父さんは仕事一筋で生きてきたため、剛さんのことはずっと亡くなったお母さんが担ってきていました。私は、お父さんが剛さんの障害を理解する機会がほとんど持てなかったことや、剛さんとどう向き合っていけばいいのか迷っていることも、ふたりの関係性を見ながら感じました。

その後も親子の口論に阻まれて、支援がスムーズに進まないことが続きました。お父さんは剛さんに対して「自分でできるようになってほしい」という想いがあるようで、それは

親のねがいとして十分に理解できます。しかし、それは剛さんの障害や力を考えると、大きな背伸びをしなければできないことでした。

お父さんがひとりで背負うことなく、だれかといっしょに剛さんの理解をしてもらうような働きかけをしていかないと、このまま前に進めないと感じ、私は剛さんが通う作業所に出向きました。そして、作業所の職員と話をする時間や、家族会などで親と子の関係などの話し合いの場を持つような機会をつくってもらうようにしました。剛さんにとっても、またお父さんにとっても、今後の親子関係をよりよく再構築していけるようなきっかけとしたいと思いました。

居宅支援の現場においては、利用者と家族の間にヘルパーが挟まれることが、よくあります。そのようなとき、ヘルパーがどちらか一方に偏って立ってしまうと、利用者の生活そのものが崩れてしまう恐れがあります。障害のある人をささえる家族も、社会からの支援や情報提供も十分ではなく、協力者も乏しいなかで、必死にその日その日の生活を営んでいます。

家族から「周囲から冷たい扱いを受けた」と涙ながら話を聞くことがあります。そんな時には、家族の言葉にしっかりと耳を傾ける姿勢が大切です。その家族がこれまで過ごしてきた歴史や、これからのくらしへのねがいに共感しながら、利用者をどう支援していくのかを考えることが、わたしたちヘルパーの役割だと考えるからです。

剛さんとお父さんとの関係は、今でも大きな変化はありませんが、私が支援に入っているときにお父さんが厳しく言うことは少なくなりました。「自分でできるように」がすべてではなく、「できないところは少し手を借りながら日常を過ごしていく」ということが、剛さん家族にとってあたりまえになってきているからかもしれません。これからも、剛さんとお父さんが、お互いに自分らしい生活を送れるよう、ヘルパーである私は、そっと寄り添えていけたらと思っています。

実践をふまえて視線をあげて

きょうされん居住支援部会　部会長

古賀 知夫

それぞれの年代で、親と同居している人の割合比較

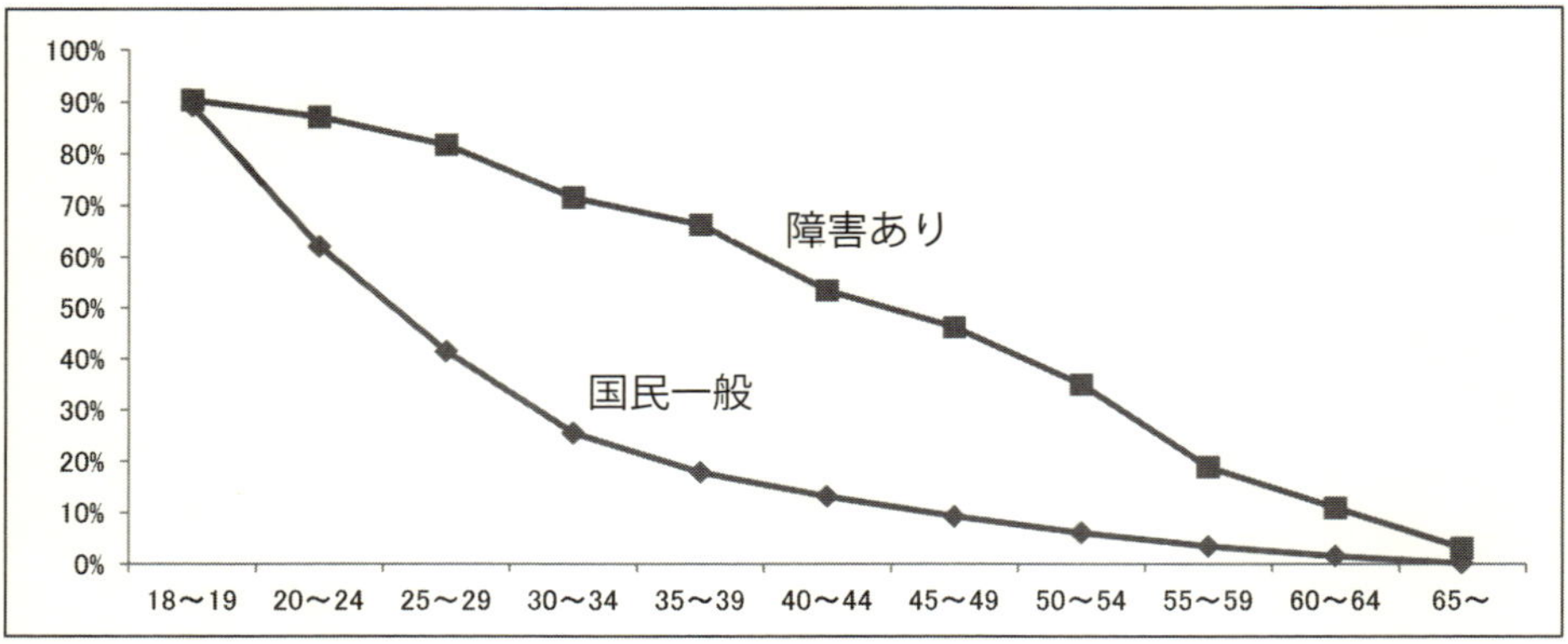

障害あり：きょうされん・2016 年障害のある人の地域生活実態調査から、年齢別に、親と同居、配偶者なしの割合を算出
国民一般：総務省・2010 年国勢調査から、年齢別に、親と同居、未婚の割合を引用

■個人として尊重されること

日本には、障害のある人たちへの根深い差別・偏見と、人権を無視した政策の歴史があり、長い間、障害のある人たちが「あたりまえに」くらす権利が奪われてきました。

精神障害者を私宅の一室や物置など（座敷牢）に監置していた実態や、「らい予防法」によるハンセン病患者の終身強制隔離政策等はその最たるものです。また、現在、地域の社会資源の不足等、さまざまな要因と相まって、入院治療を必要としていないにも関わらず、精神科病院への長期入院を余儀なくされる、いわゆる社会的入院問題が一向に解決されていません。

一方、障害のある人の地域生活実態調査（２０１６年きょうされん実施）によると、40代前半までは、親との同居が50%を超え、50代前半でも３人に１人以上が親と同居している実態が明らかになりました。その多くが、収入が低いことや十分な支援を受けられないことから、家族に頼らざるをえないのが現状です。

日本国憲法第13条では、「すべて国民は、個人として尊重される」と規定されており、「生命、自由及び幸福追求に対する国民の権利については」「最大の尊重を必要とする」とされています。障害があろうがなかろうが、その人の人生は「個人として尊重される」ものであり、他の人が代わることができない、かけがえのない価値があります。しかし、日本では、「個人」をベースとし、また尊重するくらしのあり方とは、かけ離れた障害者施策が続いてきました。

２０１６年7月26日に神奈川県相模原市にある障害者入所施設で起きた、19人が死亡し27人が重軽傷を負った事件では、犯人は「障害者はいなくなればいい」といった発言をくり返し、この日本社会に優生思想が根深くはびこっていることを顕在化させました。障害があるというだけで「個人として尊重される」権利を奪い取り、いのちの価値を値引きする、この考え方があらためて社会全体にひろがるのではないかと深い懸念を覚えるとともに、わたしたちが進めてきた運動の力が、まだまだ貧弱であったことを思い知らされました。

これから社会を変えていくためには、よりいっそうの運動のひろがりをつくりだすとともに、もう一度、現場で一つひとつの実践に焦点をあて、ていねいにその実践を積み上げていくしかありません。先に取り上げた実践の端々にも、目の前の障害のある人を「個人として尊重」し、向き合う支援者の姿が描かれていました。障害のある人一人ひとりの「個人として尊重される」くらしを保障するためには、その人が願う「自分らしいくらし」を最大限尊重することが求められます。

では、「自分らしいくらし」とはいったいどんなくらしなのでしょうか。

■障害のある人の「自分らしいくらし」

「個別のニーズ」「その人にあった支援」…福祉の現場で往々にして聞かれる言葉ですが、では、障害のある人のくらしに考えをめぐらせたとき、「自分らしくくらす」とはどういうことなのでしょうか。ここでは、本書におさめられた実践をふまえて、「自分らしいくらし」を考えていきたいと思います。

自分で組み立てる

さまざまな経緯と経験を経て、サテライト型で一人暮らしに近い生活をしている精神障害のある須藤さん。グループホーム本体での集団生活で感じていた不公平感から解放されたこと、帰宅時間や友人・家族との交流も、自分の住まいで自由にできるようになったこと、「自分なりに生活を組み立ててやっている」と実感できていることを話しています。だれかに決められた生活ではなく、自分の生活を自分で組み立てて、くらしをまわしている喜びが感じられます。

子どもの頃から、何十年とかけて獲得してきたくらしのスタイルは十人十色で、やりたいこと、またやりたくないことも人によって異なります。日々の生活を障害のある人が自ら選択し、失敗や回り道などもしながら自分らしいくらしをつくる、その道のりこそが大切だと思います。

日々の積み重ね

日々の生活の多くは食事、入浴、トイレ、着替え、洗顔、歯磨きなど、同じことのくり返しでなりたっています。一見、淡々とした場面の連続ですが、その日に起きたできごとや対人関係、体調などと関連して、その場面の中身や実感も、本人にとっては違ってきます。

たとえば、入浴ひとつとってみても、単なる清潔保持ではなく、嫌なことがあった日にはあたたかいお湯につかると気分が変わったり、うれしいことがあった日は湯船の中で、そのことをじんわりと思い出したりすることもあるでしょう。入浴支援は、そんな場づくりでもあるのではないでしょうか。

ビデオテープが宝物の前田さん。ヘルパーは、会話もほとんどないなかで、前田さんの様子を気にかけながら、散乱していたビデオテープをていねいに少しずつ片づけていきました。返答がなくても、さりげない声かけを続ける、そんな日々をともにするなかで、前田さん本人がビデオテープを片づけるようになったのです。ビデオテープを棚に片づける…それは小さな変化かもしれませんが、前田さんにとっては、他人ではなく、自らが、自分の生活を変えるという大きな一歩だったのかもしれません。また、ただビデオテープを片づけているのではなく、「人との関係を受け入れよう」という勇気ある最初の一歩だったのかもしれません。

毎日毎日、くり返される生活の営みのなかでも小さな変化があります。こうした小さな変化を見逃さず、昨日から今日、今日から明日へと積み重ねていくことが、障害のある人たちのゆたかなくらしを築く土台になるのです。

くらしの中での「安心」と「やすらぎ」

どんなに障害が重くても、地域でのくらしを保障したいと、今、障害の重い人たちを受け入れるグループホームがふえており、「命」そのものに向きあう現場からの報告も多く寄せられています。

重度身体障害と知的障害があり、意志疎通が困難な卓也さん。彼のちょっとした変化に支援者が気づいたことで、命を救うことにつながりました。「命」を守るために、「いつもと何か違う」ことを察知できる「気づきの大切さ」を軸においた現場だったからこその報告で、それがあって初めてくらしのなかで「安心」が担保されることを、わたしたちに教えてくれました。「食べる」「出す」「寝る」という生命維持の基礎的な生活行為自体が、非常に不安定で、ちょっとした刺激で体調が崩れ、「命」に関わる事態につながる当事者もいます。また、年齢とともに、それまで安定していた生活リズムが不安定になる人もいます。「食べる」「出す」「寝る」は、「安心」できるくらしの土台です。また、それをささえるためには医療的支援のバックアップも含む、手厚い支援体制が必要です。こうした環境整備があって初めて、障害の重い人の地域での生活がひろがっていきます。

また、くらしの場は、ホッとくつろげる「やすらぎ」の場であるべきでしょう。自分の好みや苦手なことが理解され、否定されない。遠慮せずに、緊張することなく援助を自然に受けられる。自分のこだわりや癖も含めて、ありのままの自分でいることができる。趣味で集めた物など、自分のくらしに馴染んでいるものが、自分の空間にしっかり収まっている…など、そのままの自分がみとめられ、自分の世界が大切にできる場所が「やすらぎ」の場なのだと思います。

精神科病院から退院して、かしはらホームでくらしている青柳さん。かしはらホームにやってきたときは、何かを買ってはすぐに捨ててしまう青柳さんに対して、職員は、その行動を何とかやめさせようという方向で考えていました。しかし、職員間での話し合いをきっかけに、その行動を、彼女の目線で、今までの人生のあゆみをふまえて考えるようになりました。また、いろんな仲間とのくらしのなかで、ともに季節を感じたり、ともに笑ったり、ときには大ゲンカもしながら、彼女の世界は少しずつひろがっていきました。

このようなくらしを送るなかで、青柳さんは、自分がみとめられていると感じ、それが「ありのままの自分でいることができる」という「安心」や「やすらぎ」につながっているのかもしれません。

■支援者の役割とやりがい

「いろいろな人たちから、自分の生活にかかわることをいろいろと質問されます。普通、自分の生活について詳しく聞かれることがありますか？　本当は、しゃべりたくないんです」——きょうされんの全国大会の分科会で報告した障害のある当事者の発言です。この発言からもわかるように、障害のある人への支援では、プライバシーな部分に踏み込まなければいけない場面がどうしても出てきます。とりわけ、くらしの支援は「個」のプライバシーの空間に足を踏み入れることになります。支援者自身がもしそうされたら嫌であるように、障害のある当事者にとって、それはとてつもなく大きな負担となることを、あらためて認識しておく必要があります。

支援にかかわりはじめた当初は、障害のある人のニーズが表面化していない場合もよくあります。まずは、本書の実践にも描かれたように、じっくりと時間をかけ、かかわりのなかで信頼関係をつくっていくことが必要となります。その人が言葉にする想いやねがいだけではなく、表情や行動、時には部屋の様子などから本質的なニーズを把握することが大切です。また、一人ひとりの想いやねがいは、毎日の日々のなかで揺れ動き、変化していきます。その揺れ動くことを大切にし、障害のある人に寄り添うことも、くらしをささえる支援者の役割ではないでしょうか。

長いくらしの支援で、ときに支援の方向性がまったく見えず、支援者側が混迷とあきらめに遭遇することもあります。そのようなときは、一人で抱えこまず、日中支援等も含めた職員集団と共有・共感し、検討する場をつくることも必要です。1対1ではなく、綿密なコミュニケーションを通して、複数で障害のある人をささえることで、その人のねがいや想いを再度真ん中にすえ、支援者が自分たちの支援を客観的に見つめることができます。また、同じ行動や物でも、本人にとってはどのような意味があるのかを考えあうことで、みえてくるものもあるでしょう。

日々のくらしの支援を通じて、くり返されるくらしの中の小さな変化は一人ひとりにとっては、大きな意味をもつことを教えられます。長い期間の支援を通じて、ふと、ふり返った時、その人の歩んできた人生の深さやその人にしかない人生の彩りに気づかされます。支援者として正面から向き合うなかで、こうした変化につながることが見えた瞬間に、私はこの仕事のやりがいを感じます。

一方で、支援している過程で、どうすればいいのだろうかと悩んだり、迷ったり、悔やんだり、たくさん回り道をすることもあります。ときに支援者は、自らが歩んできた人生の中で身に付けた、価値観や生活習慣というものさしを、いつの間にか障害のある人のくらしにあてはめてしまうことがあります。支援を通じて、支援する相手よりも自分に向き合う場面も少なくありません。くらしをささえる仕事は、より人間的なかかわりを通して障害のある人のねがいを、ともに実現することが求められますが、「自分らしいくらし」をつむぎはじめ、世界がひろがり変わっていくことに直面できることで、支援者自身の考え方や視点もまたひろがりを見せるはずです。

障害のある人も支援者も自分を発見したり、自分らしさを培っていったり、毎日たくさん笑ったり、時には涙したり…くらしをささえる仕事は、より人間的なゆたかさをつくっていける可能性をたくさんもっています。

■〝他の者との平等〟の実現

日本が2014年1月20日に批准した「障害者権利条約」には、〝他の者との平等〟という言葉がくりかえし出てきます。例えば、第19条では、「全ての障害者が他の者との平等の選択の機会をもって地域社会で生活する平等の権利を有する…障害者が他の者との平等を基礎として、居住地を選択し、及びどこで誰と生活するかを選択する機会を有すること並びに特定の生活施設で生活する義務を負わないこと。…」とあります。

障害のある人のくらしを考える上で〝他の者との平等〟を意識することは、大きな課題です。まず、「誰と生活するかを選択する」について焦点をあてて考えてみます。

大人になってから「誰と生活するかを選択する」ことは、「自分らしいくらし」を築き上げていくことに大きくかかわります。今、20数万人の障害のある人がグループホームや入所施設でくらしています。グループホームや入所施設は、障害のある人だけが集まって他人同士でくらす「特別な形のくらし」と言っていいかもしれません。普通、親・兄弟以外の人とくらすとしたら、「結婚して、自分の家族をもちたい」「この人と一緒にくらしたい」などといった、自らの願いからくらし方を選択します。しかし、地域にある社会資源や人的支援が不足しているために、障害のある人の場合は、選択の余地があまりにも少ないのが現状で、「特別な形のくらし」を選択することも難しいのです。これは、〝他の者との平等〟とは、かけ離れた状態と言えるのではないでしょうか。

また、「誰と生活するか」に加えて、「どこで生活するか」も選択できたとしても、それだけでは、〝他の者との平等〟のくらしを送ることができているとはいえません。障害のある人が送る毎日のくらしの中身、つまり、「どのように生活するか」ということについて考えることも必要です。同地域や同年齢の人と比べるとどうでしょうか。たとえば、すきなときに買い物ができているか、趣味は楽しめているか、恋愛をする自由はあるかなどです。

フィンランドの映画「パンク・シンドローム」の障害のある主人公の青年が作った歌詞に出てくる言葉があります。「少しばかりの敬意と平等が欲しい」これは、当事者の叫びであり、支援者にとっても心におくべき言葉です。〝他の者との平等〟というものさしを使って、目の前の障害のある人のくらしを、あらためて見つめてみましょう。

障害のある人たちの生活の支援をめぐる現状と課題

きょうされん 常任理事

塩田 千恵子

■くらしの場の現状と課題

たとえ障害があっても、家族が扶養し介護することをあたりまえとするのではなく、家族が元気なうちから、ひとりの大人＝社会人として、その人らしいくらしを送ることができる場を作っていくことが、障害のある人本人をはじめ家族・関係者の共通のねがいとなって久しくなります。

２０１４年に日本が批准した障害者権利条約では、第19条で「締約国は、全ての障害者が他の者との平等の選択の機会をもって地域社会で生活する平等の権利を有することを認めるものとし、障害者が、この権利を完全に享受し、並びに地域社会に完全に包容され、及び参加することを容易にするための効果的かつ適当な措置をとる」としています。そして、その（a）では、「障害者が、他の者との平等を基礎として、居住地を選択し、及びどこで誰と生活するかを選択する機会を有すること並びに特定の生活施設で生活する義務を負わないこと」とあります。

それは単に生活の場を保障するだけでなく、障害のある人、一人ひとりが、自分に合った生活をえらぶ権利、そして地域社会の中で生活する権利を保障することを、国際基準として国に求めているのです。言い換えれば、単なる「場」の問題として生活の課題を見るのではなく、一人ひとりが求める「生活の質」「生活のありよう」を問い直していると言えるでしょう。

しかし、日本の現実はどうでしょうか。

まず、障害のある人たちが、家族から離れて生活する場が圧倒的に不足しているという現状があります。多くの障害のある人は大人になっても、金銭的にも、また日々の支援も、親を中心として、家族に大きく依存せざるを得ないのです。50歳の障害のある人を80歳の親がささえるといった、いわゆる「老障介護」の事例も珍しくなく、障害者権利条約にあるような「えらべるくらし」を求めるには、程遠い実態があります。障害のある人が、家族の扶養の中で生活することが、あたりまえになっているのが日本の現実なのです。

その背景には、国が家族依存を前提とした政策を進め、今さらに自助・共助を強めようとしているということを見逃すことはできません。明治時代に規定された民法の扶養規定（第877条／直系血族及び兄弟姉妹は、互いに扶養をする義務がある）が憲法第13条（すべて国民は、個人として尊重される）を超え、障害者政策にも通底していると言えるでしょう。

また、退院して社会生活が可能な精神障害のある人の地域生活をささえられる十分な社会資源がないために、長期にわたり社会的入院をせざるを得ない状況も、日本に特異な課題です。それもまた、一面では精神科病院の安定的な経営のため、政策的に作り出されているといった側面を否定できないことは、日本の精神科医療がもつ歴史的な負の遺産とも絡まり、精神障害者の居住問題をなおいっそう深刻化させています。

こうして、圧倒的な場の不足（どこでくらすのか）は、質の問題（どのようにくらすのか）を覆い隠してしまい、障害のある人の生活の課題は、量の確保という問題に集約されてきました。

もう一つの課題は、くらしの支援が「家族でもできる」「専門性を有しない」ものとして、低く評価されてきたということがあります。それは、後ほど触れる家事援助の報酬単価に強く現れていますが、グループホームの報酬も同様です。

今、多くのグループホームでは障害の重い人や、高齢になった人など支援の必要性が高い人が利用しています。医療的ケアが必要な人、行動障害のある人、高次脳機能障害など中途障害の人、そのような利用者には、専門的な知識と支援スキルを持った支援者の存在が欠かせません。また高齢の利用者の健康管理なども、より専門的になってきています。

しかし、そのように手厚い支援を必要としている人たちだけではなく、「くらし」という個別性の高い、その人の価値観が色濃く出る場面で、支援を利用する人の立場に立ち、価値観のすり合わせをしながら、その人の生きる意欲を高めるようなかたちで支援すること、そのものが専門的支援です。生活の主体者としての個人を尊重しつつ、よりよく生きるためにトータルな支援を行なうことが大切な専門性です。単に食事を作り、掃除や洗濯をすることだけが、支援者の仕事ではないのです。

支援者の仕事の中身を検証し、それを専門的支援として発信し、社会的な認知度を高めていくことが、今とても大切になってきています。

ここからはグループホームの制度としての歴史をふりかえります。

1979年、厚生事務次官通知「精神薄弱者福祉ホーム設置運営要綱」で、就労している知的障害者を対象に、「福祉ホーム」が制度化されました。

その後、1989年厚生省児童家庭局長通知「精神薄弱者地域生活援助事業の実施について」の「精神薄弱者地域生活援助事業」（「知的障害者地域生活援助事業」）によって、地域における小規模なくらしの場であるグループホームは創設されました。この時すでに18の都道府県・政令指定都市で、独自にこうした小規模な共同生活の場に対する支援が制度化されていました。

「福祉ホーム」は、就労している障害者を対象にし、「社会復帰」や「自立生活」を目的としていましたが、「精神薄弱者地域生活援助事業」によるグループホームは、当時の授産施設など、福祉的就労の場を利用している知的障害者も対象となり、「地域の中にある知的障害者グループホームでの生活を望む知的障害者に対し、日常生活における援助等を行なうことにより、知的障害者の自立生活を援助する」ことが目的となっていました。

１９９５年には、要件となっていたバックアップ施設が入所施設だけではなく、通所施設も認められるようになり、その翌年には、重度加算制度が創設されるなど制度的な充実が図られ、グループホームは障害のある人の地域での生活の場として、なくてはならないものとしてひろがっていきました。

国の制度としては知的障害者を対象とした制度が先行しますが、精神障害者については１９９３年、精神障害者地域生活援助事業として法定化されました。

また、身体障害者については「グループホーム」と称した制度はありませんでしたが、従来の身体障害者福祉ホームが１９９６年より定員が５名以上に引き下げられ、かたちの上では他の障害と横ならびの制度化が図られました。

このように、従来の入所施設とは異なり、４～５名程度の比較的少人数で、家庭的な生活を地域の中で保障する居住施設は、共同作業所づくり運動のひろがりと同じように、障害のある人や家族のねがいを受けてひろがっていきました。

しかし、２００６年には障害者自立支援法が施行され、グループホームは介護の必要な人を対象とした「ケアホーム」と、ある程度自立した人を対象にした「グループホーム」に分けられ、自己負担（応益負担）の導入、障害程度区分による利用者分け、日割りによる報酬など、利用者・事業者ともに、とても厳しい状況となりました。

その後、障害者自立支援法が見直されるかたちで、障害者総合支援法が成立し、グループホームとケアホームは一元化されました。しかし、日割りによる報酬は変わらず、また基本報酬も低いままに据え置かれ、各事業所は正規職員の配置がむずかしい運営を余儀なくされています。

また、障害者総合支援法の3年後の見直しの論議のなかで、障害の軽い人たちのグループホーム利用が課題としてあげられました。そして、グループホーム等を退所して一人暮らしを始める人への「自立生活援助」を創設することで、グループホームの利用者像は、より障害の重い人を想定したものに変えられようとしています。

このように、誕生してからまだ30年も経たないグループホームは、現状把握なしに行なわれる制度の変更に、ふり回されてきたと言っても過言ではありません。

どんなに障害が重くても、ひとりの大人として地域で普通の生活を送りたい、病院の敷地内にある「住居」ではなく、町の中で自由な生活を送りたい、障害のある人もその家族も、それぞれのくらしを送りたいというねがいをもつことは、あたりまえのことです。グループホームの30年の歴史は、そういったねがいを実現するための運動のひろがりと、障害福祉関連予算を抑制するための政策的な意図とのせめぎあいの歴史でもあったのです。

■居宅支援の現状と課題

地域での在宅生活を支える居宅支援の事業も、障害のある人が自分らしい生活を送るうえでは欠かせない存在となっています。

家族が「自分にしかできない」と思っていた障害のある人の介護を、「ヘルパー」という、他人に委ねるということは、障害のある当事者にとっても、そして家族にとっても、生活を大きく変えるきっかけとなりました。

ホームヘルパーに来てもらう前に、自宅の掃除をしたり、ガイドヘルパーと一緒に出かけている子どもの後を隠れてついて行く家族の話を、今もよく耳にします。しかし、親離れや子離れ、すなわち障害のある人が、大人としてあたりまえの生活を送り、家族も自分の人生を歩いていくために、ホームヘルプやガイドヘルプ等の居宅支援制度は、画期的なものだったと言えるでしょう。

確かに、こうした制度は、まだまだ量的にも質的にも不十分ですが、地域でのくらしをささえる要として、居宅支援が果たす役割は大きいといえます。こうして見てみると、多様で個別性の高いくらしを支援する最前線に、居宅支援が位置づいていると言ってもいいのではないでしょうか。

こうした、居宅支援制度の拡充で、障害のある人の地域での一人暮らしの可能性がひろがりました。それまでは、ボランティアの支援をつなげて生活していた人たちが、制度によって公的に生活支援が利用できる、つまり障害のある人の一人暮らしが権利として認められたと言えます。

その裏には、障害のある当事者の粘り強い運動と、実際に地域に飛び出してボランティア支援者を組織しながら生活を始めた、身体障害のある先駆者たちの存在があったことを忘れてはなりません。

ホームヘルプサービス事業が障害関連予算で組まれるようになったのは、2000年に介護保険制度がスタートした時からでした。それまでは、障害者も老人福祉法のホームヘルプサービス事業を利用していました。「施設から在宅へ」の流れが加速されるなかで、在宅生活をささえる重要な役割を担うヘルパーの存在が、高齢者福祉の分野でも大きな注目を浴びるようになっていく時期でした。

障害者のホームヘルプやガイドヘルプの制度が全国的にひろがっていったのは2003年の支援費制度の実施によるものでした。支援費制度は「措置から契約へ」と利用者の自己選択や自己決定が強調されることで、サービスの需要が大幅に伸びることとなりました。しかし、利用者の急増は、国や地方自治体の財政を圧迫し、支援費制度は事実上破たんしました。そして障害者自立支援法が施行され、応益負担が導入されていくわけですが、居宅支援事業（ホームヘルプ）や移動支援事業（ガイドヘルプ）に対する障害のある人たちの潜在していたニーズは、この支援費制度によって一部掘り起こされたと言っていいでしょう。

しかし、居宅支援をめぐる国の動きは、障害のある人のニーズや現場の状況とは、ますますかけ離れたところに向かっています。移動支援は市町村事業のため、利用できる時間などの格差が大きく、居宅支援は報酬が低く抑えられ、専門性を持った支援者を配置できないなど、障害のある人のニーズのひろがりに応え切れていません。

とくに障害者総合支援法の見直しをめぐる社会保障審議会の議論では、家事支援を「専門性が低い」「相談目的で使われている」等の指摘がされ、報酬単価の切り下げや介護保険制度に合わせて時間を短くすることなどが検討されています。

しかし、家事支援は、単に障害のある人や家族に代わって行なう家事代行ではありません。家事支援は、家事という行為を通して利用者の生活全体を援助するものです。したがって、求められる家事支援の専門性は、家事そのものの技術力だけはなく、「個」の生活を尊重する倫理性を持ち、生活の主体者としての利用者の意欲を育む、まさに人への支援なのです。また、潜在化していたニーズの把握は、日常的かつ継続的に利用者の生活を支援しているヘルパーならではの特色です。

一人ひとりの状況は日々変わっていきます。それを確認しながら、その時に応じた支援を行なうのがヘルパーの支援です。家事支援や身体介護を行なうこと自体が目的ではなく、それらの手段を通じて、障害のある人のねがいをともに実現するのが、居宅支援の仕事の本命といえます。

しかし、日本の介護は介護保険に端的に表れているように、支給限度額などの一定の枠のなかで、「どのサービスをどれだけ利用するか」というかたちになりました。そのような限られた枠のなかで、必要な支援を取捨選択せざるをえなくなっているのです。

生活に必要な支援は、国や地方自治体の予算の枠組みの中で組み立てるものではなく、人間らしい生活を送るための必要性から組み立てられるべきものです。

居宅支援に求められる役割の大きさと、国の位置づけの低さとの乖離をどう埋めていくのか、わたしたちの実践の構築が求められています。

そして、今まさに「地域包括ケアシステム」の美名の下、自助、共助を強調し、利用者負担の強化と給付の抑制が懸念される、介護保険制度の改悪に反対する運動への連帯が求められています。

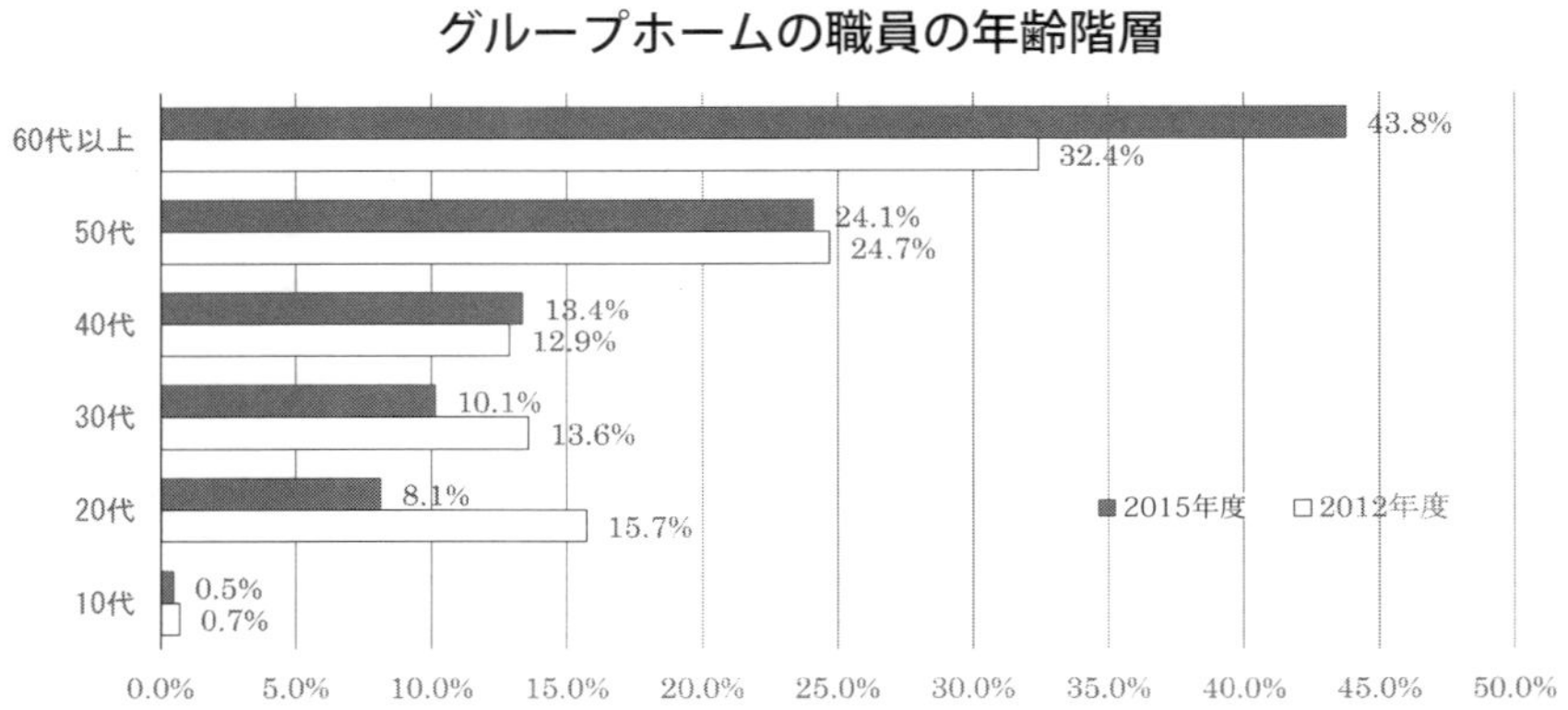

きょうされん・グループホームにおける基本調査　2015より

■人材確保をめぐる現状と課題

いま、福祉人材の確保が非常に困難になっている状況があります。介護職は、人のくらしをささえる必要不可欠な仕事です。しかし、介護職員の平均月給は、全産業平均より10万円も低いことが、厚労省の調査で明らかになっています。このことが、福祉人材の確保に大きく影響していることは、容易に想像ができるでしょう。

きょうされんが会員事業所を対象として行なった「グループホームにおける基本調査２０１５」では、グループホームで働く職員の67・9％が50歳代以上となり、前回（２０１２年）の調査時より10・８％増となっています。一方で、20代の職員については前回15・7％だったものが、今回は8.1％と減り、グループホームで働く若い職員が劇的に減っています。その背景に、低い給料、不規則な勤務に加えて、一人職場でさまざまな困難を抱える状況があることは明らかです。グループホームの入居者が重度化、高齢化しているにもかかわらず、職員の年齢に偏りが見られることは、厳しい現場の実態を表していると言えるでしょう。

調査の自由筆記の中でも、「利用者支援の困難さは、わたしたちの本来業務なので仕方ない。しかし、職員を募集しても集まらない状況は、自分たちの力だけではどうにもなりません」「報酬が低く、正規職員を配置できない。非正規雇用のため、定着しない」「職員を募集しても応募がほとんどない。入居者の高齢化、重度化で、人手も専門的な支援ももっと必要になっているが、人数も質の向上も難しい」「『人手不足』からさまざまな課題が解決できず、そもそも『その人らしいくらし』を作り出せない」というような悲痛な声が多数寄せられました。

また、同じくきょうされんが２０１４年に会員事業所を対象に行なった居宅サービス事業所実態アンケートでは、ヘルパーの人材確保について、「確保されている」「ある程度確保されている」と答えた事業所は13・４％に過ぎず、９割近い事業所が、確保されていない状態と答え、全体の25・３％が「極めて足りない」と答えています。

ヘルパー確保のために、ハローワークへの求人票の提出、求人広告はもちろんのこと、事業所や法人で『初任者研修』を実施したり、大学の門前でのチラシ撒きなど、さまざまな努力が行なわれているにもかかわらず、ヘルパー確保は困難を極め、グループホームの世話人と同様、高齢のヘルパーも増えています。

グループホームの建物は建てたけれど、支援する人がいないため、利用者がくらすことができない、ホームヘルプの入浴介護で腰痛を発症するヘルパーが続出し、十分に人を派遣することができない。さらに、さまざまな障害に対する専門性をもった、世話人やヘルパー確保が難しい現状もあります。

このように人材確保が困難なために、障害のある人たちのニーズに応えきれない事態が各地で起こっています。

何よりも、障害者のある人のくらしをささえる労働の実態に見合うように、働く人の労働条件を改善することなしに、この人材不足を解消することはできません。そのためには生活支援にかかわる事業の報酬の増額は不可避です。

2015年の介護保険法改正では、要支援1・2の人の生活支援事業（障害福祉における家事援助）は、国の介護保険サービスから外され、市町村による日常生活支援総合事業とされました。今後は、こうした流れが、要介護の人に拡大する恐れがあります。

障害の種別や重さ、年齢にかかわらず、だれもが安心して支援を受けることができ、当事者の求める生活が公的に保障されるように求め続けなければなりません。

おわりに

最後までお読みいただきありがとうございました。

くらしをつむぐ障害のある人それぞれの姿と、それをささえるために奮闘する支援者の姿が目の前にうかんできたのではないでしょうか。

２０１４年に日本が批准した障害者権利条約にあるように、だれとどこでどのようにくらすかを選択することは、障害の有無にかかわらず、だれもがもつ権利です。

日々の支援を重ねながら、権利条約を軸に、共感の輪をひろげ、障害のある人が、自分らしいくらしが送れるように、ともにあゆんでいきましょう。

「わたしがつくる　わたしのくらし」を

あらゆる障害のある人が送れることをめざして…

きょうされん広報・出版・情報委員会

〈KSブックレット No24〉
わたしがつくる わたしのくらし――障害のある人の毎日をささえる

2017年3月28日　初版第1刷
きょうされん居住支援部会・編著

発行所　きょうされん
〒164-0011　東京都中野区中央5-41-18-4F
TEL 03-5385-2223　FAX 03-5385-2299
郵便振替　00130-6-26775
Email zenkoku@kyosaren.or.jp
URL http://www.kyosaren.or.jp/

発売元　萌文社（ほうぶんしゃ）
〒102-0071　東京都千代田区富士見1-2-32　東京ルーテルセンタービル202
TEL 03-3221-9008　FAX 03-3221-1038
郵便振替　00190-9-90471
Email info@hobunsya.com　URL http://www.hobunsya.com

印刷・製本／モリモト印刷　装幀／佐藤　健

ISBN978-4-89491-331-8 C3036